ファンタジーマネジメント
“生きづらさ”を和らげる対話術

小栗 正幸 著

ぎょうせい

はじめに

中学校に勤務するA先生は今朝も目覚めが悪い。教室にいるBくんのことを思うと憂うつになってしまうのだ。

Bくんは A先生のことを「お前は信用できない」という。「オレが汚れるから近くにくるな」という。彼にはきっと苦しい思いがあるのだ。その苦しみを教師にぶつけているのだ。気長に寄り添えば、きっとわかってくれるときがくる、とA先生は思うように努めてきた。

一方のBくんはクラスメイトともよくトラブルを起こす。そうしたときには、自分は悪くないと言い張り、全て相手が悪いと決めつける。そしてトラブルの対象になった特定の生徒を、言葉の暴力で情け容赦なく打ちのめす。これには教師としてだまっているわけにはいかない。しかし、Bくんを「人を傷付けるようなことを言ってはいけない」と諭しても、その説諭は全く通じない。A先生は疲れ果てている。

この本では、そうした状況での対話法について述べていく。対話の中心は、何といっても言葉での「やり取り」であるが、言葉だけではなく動作や表情も交えていく。ときには言葉を用いない「やり取り」の方が有効な場合もある。

いずれにしても、不快な状況を緩和するための「やり取り」は立派な支援につながると思う。わたしは、そうした「やり取り」のことをファンタジーマネジメントと呼んできた。

わたしは、この手法を厳密に定義付けようとは思わない。誤った想念への介入とか、誤った思いの修正とか、大上段に振りかぶる気もない。ただファンタジーマネジメントという言葉の響きと、意味ありげな雰囲気に惚れ込んできただけである。強いて定義らしく書けば「的外し」ということだが、ここから先は本書をお読みいただこう。

なお、この手法は、支援を受ける人にのみ適用するものではない。それは、おそらく支援者の思いを軽くすることにもつながっていく。そう、本書は支援者を支援するための本でもありたいと思っている。ともかく、支援に困難を感じたときは、その場に漂う「嫌な感じ」の緩和を試みてみよう。それは、支援を受ける人の頑なさを緩和することに役立つかもしれない。支援者と支援対象者、お互いの不快感や緊張感が和らげば、そこには今までとは違う、新たな展開が生まれるかもしれない。わたしは、そうした働き掛け全体をファンタジーマネジメントと呼ぶ。

それでは対話の世界へとご案内しよう。わたしの中に住んでいる彼や彼女らと出会っていただくために。

※この本に登場する人たちはすべてわたしのファンタジーである。

二〇一五年　初夏　爽やかな風　そして光

みのり　と
みすず　へ

〔目　次〕

目次

装丁／エスプリ
イラスト／久里洋二

第一章

人を殺してみたかった

少し前のことになるが、とんでもない一言が日本中に知れ渡った。そしてわたしたちは、その後も繰り返しこの無気味な言葉を耳にするようになってしまう。「だれでもよかった」という枕詞を伴って、である。そのとんでもない言葉が本章の表題である。

ことの起こりは、二〇〇〇年の五月、愛知県豊川市で主婦を殺害した一七歳の少年が犯罪動機を問うた捜査官に語ったとされる一言で、正確に表記すれば「人を殺す経験をしてみたかった」という供述の一節である（いわゆる豊川事件）。おそらく、この言葉が耳に焼き付いている読者は多いに違いない。そして、わたしにとっても、この言葉は忘れられない一言になってしまった。まずその辺りの事情から述べてみよう。

うわさ

この言葉はマスコミ報道によって日本中に知れ渡り、多くの人を震撼させた。それだけではなく、司法の場で実施された精神鑑定（司法手続きとしての精神診断）によって、この青年には発達障害（アスペルガー症候群、現在用いられている診断基準では自閉症スペクトラム障害）の存在が明らかにされる。そこからこの言葉の一人歩きが始まった。

「発達障害のある人は、取り返しのつかない犯罪を引き起こしても、自らの行為を振り返って反省することのできない人たちだ」という「うわさ」である。

矯正施設

ちょうどそのころ、わたしは矯正施設に勤務していた。矯正施設とは、法務省が所管する国立の施設で、非行少年を処遇対象にする少年鑑別所と少年院、罪を犯した成人を処遇対象にする拘置所や刑務所の総称である。このうち刑務所には、未成年者を収容できる「少年刑務所」も設置されているが、実際の処遇対象者のほとんどは二〇歳以上の青年（若年）受刑者で占められている。

さて、当時のことを思い返してみると、神戸市で発生した猟奇的な連続児童殺傷事件や、豊川事件の直後に発生した、西鉄バスジャックに伴う殺人事件など、少年による重大犯罪が相次いだことと、加害少年に発達障害を指摘される事例が重なったことなどから、これは矯正施設にとっても放置できない問題だという認識が高まっていた。

そうした時代背景もあって、特に非行少年を処遇対象にする少年鑑別所や少年院の幹部職員を招集して法務省で毎年開催される会議では、「発達障害のある非行少年への資質鑑別（知能・性格・非行性の分析・処遇指針などを明らかにして、家庭裁判所へ鑑別結果として通知する業務）や、矯正教育（少年院に収容して非行に関係する資質面・生活面の課題を修復するための教育業務）はいかにあるべきか」という協議会が繰り返し行われるようになった。

当時のわたしは、少年鑑別所に入ってくる非行少年の資質鑑別を担当し、当該少年が審判で少年院送致の決定を受けたときは、送致先施設へ矯正教育の基本方針を提示する業務に従事していた。また、わたしは発達障害を専門領域にしていたこともあって、そうした会議のたびに、何かと発言を求められる機会が増えてしまった。

もうこれは一昔以上前のことなので正直に書かせていただくと、わたしはそうした会議のたびに、少々食傷気味になりながら「あの人たちは反省できない人ではない、ただし反省の仕組みがわたしたちと異なる。だから彼ら（あるいは彼女ら）に接する人はその点を理解しておく必要がある」といった意見を述べたものである。

残念なことに、当時のわたしの意見は協議会の参加者に十分理解していただけなかったように思う。おそらく、わたしの説明が不十分だったのだろう。しかしその一方で、発達障害のある人への理解が深まりにくい状況は、わたしの説明の良否とは関係なく、今でもあまり変わっていないように思えてしまう。しかも、それはおそらく矯正施設のみではなく、世の中全体としてそうではないのか……と。

実務家

それはともかく、本書ではいろいろな人の反省の仕組みに触れていく。反省できていないと言われてしまう人たちへの支援法（対処法）を示すこと、これも本書の役割だと思っているからだ。

とはいえ、わたしは理論家ではなく実務家である。したがって、本書においては実務的な視点を大切にしたいと思っている。

もちろん、理論を疎かにするつもりはない。なぜなら、実務の世界ではだれがやっても同じような効果が期待できること（再現性）、異なった場面にも適用が可能であること（汎用性）、さらには手続きが明快で安全性の高いやり方（実用性）が求められる。そうした手法を追究することは、実務に理論的な裏付けを与える作業でもあるからだ。

換言すれば、実務から理論を組み立てるのか、理論から実務を組み立てるのかの問題で、わたしの場合は立場上それが前者だったということである。いずれにしても、実務とは「ユニバーサルデザイン」（八三ページ参照）によって組み立てられてこそ意味をなす。本書ではその点を一貫して主張していく。さて、その実務である。誰であっても本章の表題にあるような、とんでもない言葉の直撃など受けたくないものだ。

しかし、矯正施設に限らず、教育でも、福祉でも、保育でも、医療でも、およそ支援や指導が行われる領域、特にその現場というものは、毎日お天気の日が続くとは限らない。雨も降れば風も吹く、嵐も来れば地震も揺する。ときには突然火山が噴火することだってあるものだ。

そう。実務の最前線というものは、否応なしに危機場面と遭遇しやすい場所でもある。おそらく、そうした状況での危機管理は、わたしたちの仕事の中でかなり大きな位置を占めていると考えた方がよいだろう。

例えば「人を殺してみたかった」という言葉、これは供述調書を作る場面で当事者が語ったとされる一言である。犯罪捜査、なかんずく供述調書作成の前提として、こうした場面で得られた供述に対し、係官からの限度を超えた個人的介入は許されない。

せいぜい「それはどういうことですか」とか「その点をもう少し詳しく話してくれませんか」といっ

た問い掛けが介入の限度ではないかと思う。

早い話が「そんなことを言っていると君のためにはならないぞ」とか、「悪いことをしたと素直に認めて楽になれ」といった、刑事ドラマに出てきそうな追及は許されないのだ。だから、この発言が記者会見でそのまま公表されたとしても、それは致し方ないことだと思う。

しかし、これが供述調書を作る場面ではなく、支援や指導を行う現場での発言だったとしたらどうだろう。わたしたち実務家は、逆にこの発言への介入を避けることは許されないはずだ。

なぜなら、この発言は明らかに常軌を逸したものであり、仮に当事者が本気でそんなことを考えているとしたら、その誤った観念の修正こそがわれわれの仕事になるのではないか。

しかし、ここでわれわれが「君、その言い方はないだろう」と指導して、指導対象者も「ごめんなさい、つい混乱して間違ったことを口走ってしまいました」とわかってくれるのなら、われわれの仕事は日々平穏である。

残念なことに、実際場面ではそんなにうまくことは運ばない。「ごめんなさい」どころか、指導対象者は「これはずっと思い続けてきたことだ」と言い張るかもしれない。

さあ、あなたならどうされるだろう。

間違っても「何をバカなことを言っているのだ」という反論は慎むべきだ。そんなことをすれば、おそらく指導対象者との対話は並行線、に終わればまだよい。それどころか「これ以上あなたと話す必要はない」と、指導対象者があなたとの関係を拒絶する、悪くすれば「だから人を殺してみたかったと言っているじゃないか」と声を荒げて反抗するかもしれないのだ。

一方、「そうか、君はそこまで思い詰めていたのだね」という受容も避けるべきだろう。たしかに受容的なフィードバックは、先の反論に比べればあなたと指導対象者との関係を崩壊させる危険性は低いと思う。しかし、自分の苦しさ（たとえ本当に苦しかったとしても、そうではなかったとしても）を受容してもらうことで気持ちの整理ができるような人であれば、おそらく最初から「人を殺してみたかった」などというとんでもないことは言わない。

受容されることで、自分の感情を整理でき、自分の誤りに気付ける人、気付けないまでも不適切な発言を減らすことのできる人が相手なら、これまたわれわれの仕事は日々安泰なのである。しかし実際はなかなか。

そこでまとめておきたい。だからこそ、わたしたちの仕事には、支援や指導が困難な人に対処するための技量が求められると。

もちろん、一概に不適切な言葉といっても、それに伴う深刻さの度合いはピンからキリまで幅がある。しかし、そうした言葉への対処法には一貫性があることを本書では繰り返し述べていく。それは、わたしが今までやってきた、不適切発言への対処法でもあるからだ。

素描

そこで本章では、支援や指導の対象になる人の「不適切な発言」の直撃を受けたとき、わたしならどうするかという、基本的な手続きを紹介することから始めたい。それの詳細は次章以降で述べるが、本章で述べんとすることは、いわば方法序説にあたるものである。

とはいえ、本章での記述は本論に入る前の素描である。素描であるがゆえに、この段階での論理展開には少々荒削りなところがある。そのため、もしかするとここでの記述に不快感を覚えてしまう読者が出てくるかもしれない。

そうした読者には、まず第二章以降をお読みになってから本章へ立ち返られることをお勧めする。その場合であっても、次の点だけはおわかりいただきたい。以下の素描には、わたしが本書の中で訴えたいと思っている事柄のエッセンスがすべて詰まっているということを。

チョコレート

誤解をおそれず、思い切ったことを書かせていただく。「人を殺してみたかった」、この一言はそれほど特別な言葉だろうか。

たしかにこの一言は、人の命を奪うような犯罪を引き起こした人が言うべき言葉ではない。被害者、またはその遺族のことを少しでも思いやれば、まったくもって心ない言葉であることこの上ない一言だからだ。にもかかわらず、どうしてこんな言葉が表出したのだろう。

その人は、もともと心ない人なのかもしれない。しかし、それだけのことなのだろうか。そこで、さらに考えるため、少し視点を変えてみたい。人の命を奪うような重大犯罪ではなく、被害の程度がもっと軽微な非行ではどうなのかと。

例えば中学生がコンビニエンスストアからチョコレートを万引きしたとする。それが発覚して、通報を受けた中学校の教師がその生徒に、「どうしてそんなことをしたのか」と問う（尋問する）場面を想像してほしい。

もし読者が中学校に勤務する教師であれば、そうした指導場面で生徒が「チョコレートを食べたかったからだ」と答え、唖然とした経験をお持ちの方がおられるに違いない。

そのときの教師の心境は、「おいおい、チョコレートが食べたかったとしても、だからといって万引きをしてもよいのか」といったところだろう。

そこで教師はさらに追及したくなる。「君はチョコレートが食べたかったら、悪いことをしてもよいと思っているのか」と。

なんだか想定問答のようになってきた。しかし、ここに記載したやり取りを読みながら、あなたが中学校や高校で生徒指導を担当する教師であれば、「うん、うん、」とうなずいておられる方がけっこういると思う。

もちろんこんな発言をする生徒が多いとは言わない。しかし学校への巡回をしていると、「こんな生徒がいて困っている」という教師からの相談が一定不変の数で寄せられるのも事実である。

わたしの学校巡回については別の章で取り上げるが、こうした生徒とのやり取りにうんざりしておられる教師はけっして少なくないのだ。どうしてうんざりするのか。言わずと知れたこと、生徒のこうした発言は明らかに間違っている。にもかかわらず、「その言い方はないだろう」という教師からの指導（問題提起）が生徒に通じないからである。

そこで、この「チョコレートが食べたかった」という発言と、「人を殺してみたかった」という発言を比べてみてほしい。もちろん、非行事実の重大性や、言葉の重みはまさに雲泥の差だ。しかし、教師（本章でいえば供述を求めた係官）との問答の中で表出した、言語表現の不適切さに共通したものを感じてしまうのはわたしだけだろうか。

もしかすると、これは非行指導の場面という特殊性、あるいは非行を犯すような人の特異性を反映するものだろうか。

いやいや、それだけではないとわたしは思っている。

例えば、クラスメイトに暴言を吐いてしまう生徒が、自分の非を棚に上げて「あいつが悪い」と相手ばかりを責める。

例えば、何度もトラブルを起こしながら、いつも周囲のせいだと言い張る。

例えば、遅刻の常習者が「他にも遅刻してくる生徒はいるのに、なぜ自分ばかりを責めるのか」と反発する。

こうした言葉に、「人を殺してみたかった」という心ない一言につながる発言者の自分本位を感じてしまうのはわたしだけだろうか。

もちろん学校だけの話ではない。家庭においても職場においても、自分の問題を棚に上げ、何でもかんでも相手が悪いと決め付けてしまう人は必ずいるものだ。

たしかに本人以外のところに落ち度を指摘できることもあるだろう。しかし、「何でもかんでも」となれば話は違う。やはり、その人の自分本位が膨らんでしまうのだ。

そうした発言をする人と出会ったとき、わたしたちは聞いてみたくなる。「あなたは本気でそんなことを言い張っているのか」と。ただ、とても残念なことに、この問い掛けでは、指導対象者からわたしたちを納得させる返答は引き出せそうにない。

それが証拠に、この反論に対して「ごめんなさい、つい興奮して、感情的になってしまいました」という言葉が返ってくるのであれば、いくつか例示した「やり取り」は何の問題にもならず、おそらく「人を殺してみたかった」という一言も、世間を騒がすようなことにはならなかったからだ。

さて、そんなことを言う人は、「不信感の強い人」「被害的な受け止め方をしやすい人」「自分本位な人」「妄想的な人」なのだろうか。まあそうなのかもしれない。しかしこの割り切り方だと、わたしたちの自分本位も評論の中に交じり込んでしまうような気がしてならない。そこでもう少し考えてみよう。

一転三転

まずもって、はっきりさせたい。そうした物騒な人は、朝から晩まで「人を殺してみたい」と思っているわけではないのかもしれない。

もしかするとこの言葉は、係官、あるいは指導者、あるいは保護者などが、「どうしてそんなことをしたのか」とか、「何を考えているのか話してごらん」と問いかけたときに出てくる（出やすくなる）のではないのか。

してみると、こうした「とんでもない言葉」の表出には、あなたが誘い水を出してしまう、あるいはあなたが一役買ってしまうこともあるのだろうか。

もちろん、ときには朝から晩まで「人を殺してみたい」と思い続けている人だっているかもしれない。しかし、そういう人であっても、その人が内心の秘密を漏らすときには、特定の人との間で前述したようなやり取りがあったのかもしれない。

ときには、特定の人がそれと知らずに特定の雰囲気を作ってしまい、それに反応するような形で、物騒な人は「とんでもない」内心の秘密を暴露したのかもしれない。

だとしたら、「そんなことを聞かなければよい」あるいは、「そんな雰囲気を作らないよう細心の注意を払えばよい」という人が出てきても、それはそれとして、けっして間違った考え方ではないと思う。

とはいえ、あなた、あるいは本章での尋問者は、必要があるからそうした尋問をするのだ。また、そうした人が知らず知らずのうちに特定の雰囲気を作ってしまい、それに物騒な人が反応したとしても、それは非難されねばならないことなのだろうか。

なぜなら、この尋問によって、期せずして支援や指導の対象になる人の「心の闇」に一条の光が差したのかもしれないのだ。そうなると、この質問をした人こそが功労者ではないのか。

そうなのである。ここで述べている事態への論考は意外に複雑なのである。

例えば、だれも、何も、しなかった。しかし、偶然何もすることのない暇（無為）な時間が物騒な人のところへ訪れることだってある。

そうしたとき、その人はつねづね思っていた「思い出さなくてもよい」とんでもない考えを「自分が持っていたこと」を思い出すのかもしれない。もっと言うなら、思ってもいなかったことを思い付くことだってあり得るのだ。これは神様の悪戯か。

　さてさて、そこまで物議を広げると、「ちょっと待ってくれ」と言いたくなる人も出てくると思う。それはわれわれとは無関係なところで起こった出来事、というより、ある種の事件である。いくらわれわれでも、そこまでの面倒は見きれない。これも、もっともな言い分だと思うがいかがか。といいながら、ここでまた別の考え方が登場する。すなわち、特定の人がこんな「とんでもない」考えに凝り固まってしまうこと、それは一種の悪癖ではないのか。

　仮にそうだとすれば、そうした悪癖形成の予防は可能なのか。可能だとすれば、それはだれがするのか。

良心

　さて、話もここまで広がれば、われわれの役割意識というより、良心が現状の放置を許せなくなってくる（とわたしは思いたい）。

　ここに至るまでの二転三転には意味がある。考え方はいろいろあってもよいからだ。なぜなら、この課題は、先にも指摘したように「けっこうな難問」だからである。そして、混沌とした中で辿り着くところ、それがわれわれの「良心」ではないかと。

　わたしは、これが強烈な我田引水であることを承知の上で書かせてもらっている。しかし、このある意味都合のよい肯定論というか、稚拙な弁証法というか、これがわたしの方法論を支えているといっても、それはあながち間違いではないと思っている。

例えば、先ほどのチョコレート発言の段階で、支援や指導を必要とする人が発する「明らかに誤った一言」に対して必要な介入を行う。これは紛れもなくわれわれの仕事であり、それを放置した場合に予想される致命的な事態への移行を少しでも緩和する手立てになるのではないか。

それができれば、われわれの仕事は、将来の「とんでもない事態」を少しでも予防するための布石になるのではないか。本書はそのためのテキストなのである。

対話

それでは、支援や指導の対象になる人から、思いもよらない言葉の直撃を受けたとき、わたしはどのように対処してきたのか。「人を殺してみたかった」という言葉をとおして基本的な手続きを述べてみたい。

ただし、その前に身も蓋もない一言を。

そもそも、わたしならそんな物騒な話を引き出すようなことはしない。殺人罪を犯した人を目の前にしていても、である。

なぜなら、わたしたちは犯罪捜査官とは立場も、求められているものも異なる。支援や指導の場面では、非行や犯罪の動機について対象者に語らせることは一義的な課題ではないのだ。

たとえ、殺人事件を犯した人が指導対象になった場合であっても、またその人が捜査段階で「人を殺してみたかった」と供述している場合であっても、あえてこの話題を引き合いに出し、支援や指導の手続きを複雑化させる必要性は「いまは」ない。

とはいえ、わたしは本章の冒頭に書いたとおり、矯正施設に勤務し、犯罪や非行のある人の心理学的な分析を行う担当官（法務技官）であった。そうした仕事をしていると、指導対象者が犯した事件について話し合う必要性が出てくるときもあるのだ。

そうしたときでも、「あなたには、捜査段階の供述で『人を殺してみたかった』と語っている記録があります。でも今日は、その記録とは違う話し合いをしたいと思っています」と伝えるようにしてきた。それに続く面接場面では、家庭や家族、学校や友だち、職場などでのエピソード、興味関心を持っていたこと、好きだったこと、嫌いだったことなど、対象者の生き様や価値観、人生にかかわるような事項について、「事情聴取」ではなく「対話」を交わすことに力点を置いた話し合いを行ってきた。

なぜなら、こうした対象者の人生にかかわる対話を深めることが、犯罪動機の心理学的解明には大きな意味を持つからである。そして、この「対話」することは、本書全体を貫く通奏低音のようなものなので、後の章でもたびたび触れることになる。

会話ではない。対話である。日常会話とはいうが、日常対話とは言わない点に注意してほしい。会話であれば取り留めのない交流であってもよい。それはそれで大切なことだと思う。会話すら交わせなければ、対話など交わせるはずもないのだから。

ともかく、対話は会話とは異なる。それは違った「考え」や「考え方」を持つもの同士が、お互いの相違を明確にし、一致できるところは一致させ、一致できないところはその所在を確認し合い、話し合えて良かったと納得できる「ひととき」を共有することである。

またまた話が横道に逸れた。「人を殺してみたかった」に戻ろう。

的外し

さて、非行や犯罪のある人に会っていると、ときには、支援や指導の対象になる人の方から、「わたしのやったこと（犯罪行為）を知っていますか」と問いかけられることがある。そうしたときに、わたしは「いま、その話をしたいですか」と問い返す。

そうすると「いいえ」という返事が返ってくることもあるが、ときには「ぜひ聞いてもらいたい」ということになる場合もある。

わたしは「それでは話したいことから聞かせてください」と水を向ける。そこで「人を殺してみたかった」という話が出てきた場合にはどうするか。

矯正施設においては、対象者の詳細な情報が前もってわたしたちの手元に送られてくる。どんな人かもわからないまま出会うような状況で、責任のある対応など基本的にできないからだ。「人を殺してみたかった」というような、とんでもない供述情報がある場合には特にそうである。

したがって、もし対象者がその供述に触れようとしたときには、「その記録はわたしも読んでいます。そこまで困っていたのですね」と答えることが多かった。

対象者が、今までだれにもそんなことを語ったことがなく、わたしの前で初めて内心の秘密を暴露した場合であっても、「そうですか。そこまで困っていたのですね」と答える。

たとえ対象者が困っていたのではなくても、わたしはそう答えることが多かった。どちらに転んでも、対象者は順風を受けて海原を気持ちよく帆走する船ではないのだから、困ったことにしておいても、あながち間違いではないと思うからである。

この「困っている」とか「困っていない」という事象に関しては、後の章でじっくり取り上げるが、ともかく「人を殺してみたかった」という一言に対して、「本気で言っているのですか」とか「自分の言っていることの意味がわかりますか」とか、「まだそんなことを考えているのですか」といった返答（フィードバック）はしないようにしてきた。

ここで取り上げているフィードバックの仕方は意味深長なので、もう少し説明してみたい。

仮に、対象者の「人を殺してみたかった」という一言に、真正面から答える言葉があるとしたら、「そこまで思い詰めていたのですね」というのが近いと思う。そこをあえて「困っていたのですね」と的を外している。なぜ的外しかといえば、対象者は、一言も「困っていた」とは語っていないからだ。

言葉のニュアンスにも注意してほしい。「思い詰めていた」より、「困っていた」の方が生臭さは少ない。わたしだって、いまこの原稿執筆で思ったような文章が書けず「とても困っている」が、それを「とても苦しんでいる」と書くと生臭くなる。言葉というのは不思議なものだ。

死にたい

「人を殺してみたかった」の対局にある言葉のひとつは、「死にたい」ではないだろうか。そして、読者にはこちらの方が身近な言葉だと思われる。

なぜなら、学校や施設に勤めておられる人であれば、下手をすると一年に何度かは、そこにいる支援や指導を必要とする人から、この言葉の直撃を受ける可能性があるからだ。保護者であっても、もしかすると子育ての中で一度くらいは、子どもがこの言葉を発して困惑されることがあるかもしれないからである。

身近というなら、もっとよく聞く言葉に「死ね」という一言がある。学校や施設に勤めている人であれば、下手をすると毎日のようにこの言葉に介入せざるを得ず、頭を悩ましている人は多いと思う。ただ、この言葉（暴言）は後の章でもっと本格的に取り上げるので、いまは「死にたい」である。

「死にたい」という一言には、やってはいけないフィードバックがある。「死ぬ、死ぬ、と言って死んだやつはいない」。これは支援や指導を行う人の暴言になってしまうので、絶対口にしてはいけない言葉だと思う。

たしかに、「死にたい」と言いながら、ただちに死を選ぶ人は少ないのかもしれない。しかし、実際に自殺企図に至る人は、多くの場合パニック状態でその行動を選択するので、衝動的に高いところから飛び降りたり、列車に飛び込んだりする場合がある。

死へのためらいが伴いにくい人、あるいはそうした状態に陥りやすい人の発する「死にたい」の一言は、とても危険な言葉だとわたしは思っている。

こうした場面での危機管理についても、後の章でじっくり述べるが、いまは対象者が「死にたい」と語った場合、その言葉への安全性の高いフィードバックの仕方（即時対応の方法）を示すのがここでの先決課題である。

さて、禁止語というほどではないが、「どうして死にたくなったの」とか「死にたいと思ってしまうほど苦しいのですね」というフィードバックは避けた方がよい。

とはいえ、これは人情としてつい言いたくなる言葉なので、仮に支援や指導の場面でそう返答してしまった支援者がいたとしても、その人を責めるつもりはない。

ただし、「死にたい」と訴えている人に、「死ぬ」という言葉を含めたフィードバックを行うと、「死にたい論議」は長時間続く可能性が高くなる。これは支援する側も、される側も、あまり良い気持にはなれないやり方だと思うがいかがであろう。

かといって、「死にたい」という言葉は、その切迫度はピンからキリだとしても、無視したり茶化したりすることのできないものである。そこで、わたしは「人を殺してみたかった」への対応とよく似たフィードバックを行ってきた。

支援や指導の必要な人が「死にたい」と訴えたら、「そんなに困っていることをわたしに相談してくれて嬉しかった」と。

ここでも、対象者は「困っている」とは一言も語っていないのだから、既述の的外しと同じことをしている点に注意してほしい。

もう一度確認したい。「死にたい」という言葉に対して、「どうして死にたくなるのか」とか、「死にたくなるほど苦しいのですね」というフィードバックを行うのと、「困っているのですね」とフィードバックするのとでは、既に述べてきた生臭さがかなり違う。

しかも、この「困っているのですね」という一言は対象者を無視も軽視もしていないので、的外しではあっても的外れではない。

以上のような理由から、わたしなら迷わず「生臭くない方の言葉」でのフィードバックを選択する。もうおわかりだろう。言葉のやり取りとしての安全性が高いからである。

しかも、「そんなに困っていることを伝えてくれて嬉しかった」なのである。「苦しいね」というネガティブなままでの受容ではなく、ポジティブなまとめ方をし、しかも褒めている。

それだけではない。わたしならさらに続けて、「わたし以外の人にも相談していますか」と聞く。仮に対象者が「ほかの先生（あるいは友だち）にも相談している」と答えたら、「よかった」とフィードバック。「小栗さんにだけ相談した」と答えたら、「ありがとう」とフィードバックする。ここでもポジティブに対応している点に注意してほしい。

こうしたフィードバックの仕方を、本書では「肯定的フィードバック」と呼ぶ。これは対象者の強度な思い込みや決め付けによって、支援や指導が行き詰まってしまった場面で用いる緊張緩和法でもある。

換言すれば、緊迫した状況を緩和し、間違った考え方や思い込みを修正しやすくするための、言葉のやり取り（言語的媒介）の用い方、すなわち支援や指導がむずかしい人たちとの対話の仕方ということ、それが本書の取り扱おうとするものである。

ただ、こうしたやり方は、従来の反論や説諭とも、あるいは傾聴や受容とも、介入の切り口や用法が異なっている。そのため、伝統的な言葉のやり取りに慣れている人には、多少違和感を与えてしまうところがあるかもしれない。

しかし、本書をお読みいただけばおわかりいただけるように、わたしはけっして従来のやり方を否定しているわけではない。というより、従来のやり方がうまくいかなくなったとき、本書で取り上げる方法で対応されてはどうかと思う。それによって、新たな展開が開ける可能性が高まるかもしれない。

とはいいながら、こうしたやり方には「的外し」のように、日常場面であまり使わない言葉のやり取りが含まれている。したがって、ある意味「台詞」を憶えるような練習が必要になるかもしれない。

ご安心いただきたい。効果的な台詞は随所に出てくる。既に本章でもいくつか出てきた。例えば「そんなに困っていることを話してくれて嬉しかった」などである。要は使えるところを使っていただく、それによって本書の目的は達成されると思っている。

ただし、本書はいわゆる「ハウツー本」ではない。そこには一貫した方法論が通奏低音のごとく流れている。それを本書から読み取っていただければありがたい。

なお、わたしは本章の中で、この「人を殺してみたかった」という言葉への対処法について中途半端にしか触れていない。それは、本書全体をお読みいただく前にその論考を行うのは時期尚早だと考えたからである。これについては、第九章において、改めて取り上げ再考することにした。

第二章

支援

従来の支援に比べると、本書でのそれは指導的な意味合いが強い。誰もが経過する育ちへの支援ではなく、誤学習されてしまった育ちの課題に焦点を当て、それを修復するための支援について述べているからである。

それならいっそ、最初から支援という言葉は使わず、指導をテーマにした本にすればよいではないか、と言われそうな気もする。

なるほど、それはもっともな意見かもしれない。しかし、この本を通読されればわかっていただけるように、本書は指導書というより支援書のニュアンスが強い。

言って聞かせるとか、反省させるとか、導くといった方法はまったく用いないからである。

もちろん、わたしは指導という言葉をそんなに狭く捉えているわけではない。

しかし、この本では指導的働き掛けそれ自体より、指導しやすい状況を作ることの方に力点を置いている。

すなわち、指導以前の状況操作、これはやはり支援だと思う。そうすると、言い聞かさなくても、対象者の方が「自分から」そう思ってくれる可能性が高まるのだから。わたしは、指導という言葉より、支援という言葉が好きである。

歴史

そもそも支援とは「困っている人」への援助という意味で用いられる言葉だ。ところが本書には、「困っていない人」への支援という観点が登場する。なぜ「困っていない人」への支援が必要なのか。また、仮に支援を要する「困っていない人」がいたとしても、そういう人へわたしたちはどう働き掛けたらよいのか。それは従来の支援とどこが違うのか。

さて、わたしたちには、支援や指導がむずかしい（と言われている）人の相手をしてきた歴史がある。そうした中でわたしたちは、二つの優れた介入方法を身に付けてきた。その一つは「反論・説諭」、もう一つは「傾聴・受容」である。

わたしは、この二つについて、どちらかが正しく、どちらかが間違い、という関係では捉えていない。それは、支援や指導の対象になる人の状態像、支援や指導を行う人の立場、その場の状況などに対応させ、柔軟に使い分けるべきものだと思ってきたからだ。

現にわたしたちは、家庭、学校、施設、職場などにおいて、リビング、子ども部屋、玄関、教室、作業場、廊下、食堂、体育館、運動場などで、この二つの方法をうまく使いこなしてきたではないか。ところが、ときどき反論・説諭、傾聴・受容、どちらかのやり方に凝り固まっているような人と出会うことがある。むしろ頭が痛いのはそういう人の方だと思う。

なぜなら、わたしは特定の介入法に対する、支援者や指導者の画一的な態度と思い込みの強さが、かえって介入効果を阻害してしまう事例を嫌になるほど見てきたからだ。

さて、ここでまず取り上げたいと思うのは、この二つの介入方法がどちらもうまく機能しない子どもや大人がいるということ、それも少なからぬ頻度において、そうした人が存在するという事実である。

わたしは、そういう人こそが本書の主役だと思っているのだが、それはいったいどういう人なのだろうか。

「困っている人」

周囲に心配をかけている人、あるいは周囲を困らせている人には、「困っている人」と「困っていない人」がいる。この、当たり前ともいえる現象への論考が、いままで疎かにされてきた。これは、わたしの率直な感想だが、いかがであろう。

まあ、それは後述するとして、支援や指導の対象者は、わたしたちの目の前に現れるとき、できればみんな困っていてほしいものだ。なぜなら、困ってさえいてくれれば、それは解決の大きな糸口になり、出口である扉までの距離も近いのだから。

ところで、わたしはここまでいとも簡単に、「困っている人」「困っていない人」と書き分けてきたが、両者の違いはどこにあるのだろう。やはり対比概念を用いる以上、両者の定義付けが必要だと思うので、この点に関するわたしの見解を示しておきたい。

まず「困っている人」とは、眼前の困った状況を「何とかしたい」と思っている人である。これに対して「困っていない人」とは、眼前の困った状況に「やっていられるか」と腹を立てていたり、「自分は何をやっても駄目だ」と無気力になっていたり、「相手が悪い、学校が悪い、職場が悪い、社会が悪い」と決め付けている人のことを指す。

要するに、後者は感情的になり、一方的に決め付けているが、基本的に困っていない。この大きな輪郭を示した上で、実態像をもう少し細かく説明してみよう。

まず両者の見分け方、これは意外に簡単である。少し話し合ってみて、「なるほど」と素直にその人への同情心が湧いてくるような人は「困っている人」。反対に話を聞けば聞くほど、イライラさせられてしまうような人は「困っていない人」だと思う。

もちろん、これにはわたしたちが妥当な対人認知尺度（相手を見分ける感覚尺度）を持っていることが前提になると思う。とはいうものの、後述するようにあなた自身が「まっとう」に自分と他人の違いを見分けられる人であれば大抵は大丈夫である。

ここで少し脱線をお許し願いたい。若いころこうした話をすると、スーパーバイザーから「小栗くん。人というものはもっと深遠なものだよ。もう一度フロイトを読み返してみなさい」と忠告されたものだ。最近はそんな忠告めいたことは言われなくなった。これはスーパーバイザーから監督や指導を諦められたのか、歳の功なのか。まあ、そんなことはどちらでもよい。

確かなことは、深遠なものとして接すると、事態も深遠化する。簡潔なものとして接すると、事態も簡潔化するということ。考えてみれば、これは当たり前のことで、支援対象者と支援者は、それぞれが独立変数として存在するのではなく、相互の関係性の中に存在している。でなければ他人と他人がいるだけで接点はなく、交流も何も生まれないからである。実はそういうことをフロイト先生も書いている。

さて、本道に戻っていよいよ本書の主役、「困っていない人」の話をしよう。

「困っていない人」

もちろん、「困っていない人」でも「何とかしたい」とは思っていよう。ただし、「困っている人」に比べると、「何とかしたい」の中身がだいぶ違う。

これは、あえて書くまでもないような気もするが、「困っている人」の「何とかしたい」は、字義どおり何とかしたいという「願い」である。

一人で迷っているのか、何かを見つけ出そうとしているのか、だれかに助けを求めようとしているのか、あるいは時が解決してくれるのを待とうとしているのか、悩み方のスタイルはいろいろあるにしても、ともかくそこには「何とかしたい」という「思い」がある。

これに対して、「困っていない人」の「何とかしたい」は、「殴ってやる」「殺してやる」「壊してやる」あるいは「諦めた」なのである。この違いは大きい。

これは、支援や指導のむずかしい人を相手にした経験のある実務家であれば納得していただけることだが、あの人たちは「助けてほしい」と依頼すべき事項の表現が、「やれ」という要求や命令になりやすく、「お願い」の語用（言葉の使い方）が弱いか欠落しやすい。そうすると何が起こるのか。

「困っている人」の願いや思いが伝われば、われわれは何とかしてあげたいと思いやすくなる。反対に頭ごなしの要求をされれば、われわれはその人のことを心配する前に、「あなた何様？」と引いてしまいやすくなる。これが正常な心理というものだろう。

人道家

とはいえ、支援対象者の対人態度が上から目線であったり、お願いの伝達が命令口調になったりして、周囲に不快感を振り撒きやすい人であっても、「実はそういう人も困っているのだ」と受け止めることを提唱する人もいる。

なるほど、それは人間性に溢れた高潔な対応の仕方なのかもしれない。しかし、残念ながらわたしはそれほど高潔な人柄ではないし、狭量さも手伝ってそこまで寛容にはなれない。というより、結論を先に書いてしまえば、「困っている人」と「困っていない人」とでは、支援する側の対応の仕方が違うのではないかと思っている。大事なところへ入ってきたので、ここでいったん言葉の整理をしておきたい。

何度も指摘したように、世の中には周囲へ心配をかけながら、「困っている人」と「困っていない人」がいる。これを全部「困っている人」にしてしまうのは、文字どおりの十羽一絡げであって、あまりに一方的な考え方だとしか思えない。考えてもみてほしい。仮に困っている人が「何とかしたいと思い悩んでいる人」だとすれば、わたしの言う「困っていない人」は、「怒っている人」とか、「無気力になっている人」とか、「決め付けている人」なのである。要するに問題の所在が違うのだから、両者に対する支援の仕方は異なって当然なのだ。

根拠

わたしはいまとても後悔している。何の後悔かといえば、わたしがいままで出会ってきた人たちを、「困っていた人」と「困っていない人」に分類して、実数の対比ができるよう統計処理しておくべきだったという後悔である。

おそらくわたしが出会ってきた人は、少なく見積もっても数千ケースを下回ることはない。そこで「困っていた人」と「困っていない人」の対比に関する根拠（エビデンス）を数量化して残すべきだったのだ。まさに後の祭りとはこのことである。

とはいえ、両者の対比に関する感覚的な印象は持っている。ケース会議の席上、あるいは研修会や講演会の会場で、その印象を参加者にお伝えすると、同じような仕事をしている実務家から、ほぼ間違いなく「うん、まあそんなところだろう」という納得が返ってくる。そこから見て、多分わたしの対比感覚には妥当性があると思う。有意差検定などの統計処理を経ていないので、はなはだ申し訳ない限りだが、その感覚的な印象は以下のとおりだ。

例えば、周囲に心配をかけている人を一〇人集めたとする。そうすると、その中で「困っていてくれる人」はせいぜい二～三人、「困っていてくれない人」は七～八人という感じだがいかがであろう。

もちろん、これは医療機関へ足を運ぶような人ではなく、俗に問題行動対応と呼ばれるような領域で仕事をしてきたわたしの、取り扱った母集団の特性を反映する部分もあると思う。何しろわたしの最強の応援団は、学校でいえば生徒指導の先生方なのだから。

ただ、教育相談の先生方も、保健室の先生方も、児童福祉関係の先生方も、仲良くさせていただいている小児科や精神科の先生方も、この話をすると「うん、そんなもんだ」とおっしゃっていただける。だから、内心では「案外当たっているのかも」と思うことにしている。

まあ、それはそうとして、本書ではいろいろな問題提起をさせていただくが、その中で最大のものがこれである。

すなわち、支援を必要としている人の中には、「困っている人」より、「困っていない人」の方が圧倒的に多いのではないか。そして問題の所在はここ。「従来わたしたちが実務を通して磨き上げた、反論・説諭、傾聴・受容というやり方は、『困っている人』にはうまく機能する可能性がある。しかし『困っていない人』にはうまく機能しない可能性があるのではないか」というところである。これは非常に重要なことなので、もう少し詳しく述べていく。

みんなの目が冷たい

日本の学校には、必ずといってよいほど「みんなの目が冷たいから教室に入れない」と訴える生徒がいて、教師や保護者を困らせる。そういう生徒に、伝統的な方法、すなわち「反論・説諭」あるいは「傾聴・受容」で対応した場合の、言葉の「やり取り」を考えてみよう。

まず反論・説諭で対応した場合なら、「おいおい、クラスの子はそんな子ばかりではないよ」であろうか。

傾聴・受容による対応では、「そうですか、みんなの目を冷たく感じてしまうのは苦しいですね」であろうか。

仮にこうした対応、まず反論・説諭によって、「そう言われればそうだ」と思ってくれるような生徒、あるいは傾聴・受容によって、自分の苦しい感情を整理できるような生徒がいたとすれば、それはおそらく特別な支援を必要としていない生徒だと思う。

なぜならそうした生徒は、ちょっとした助言と後押しがあれば、「自分の力」で考え、「自分の力で」気持ちの整理ができる人だと思われるからである。これは「困っている人」すなわち、目の前の状況を「何とかしたい」と思うことのできる人ではないのか。

これに対して、「困っていない人」の反応は違う。

例えば、「そんな子ばかりではないよ」と反論・説諭されると、その人はますます「みんなの目が冷たいから教室へ入れない」という自分の訴え（自己主張）にしがみつき、教師がさらに反論でもしようものなら、「先生はわかってくれない」と言い始め、ときには「うるさい」と暴言を吐きかねないのだ。

それでは「みんなの目を冷たく感じるのは苦しいね」と受容された場合にはどうなるのか。自分が受け入れられたことで安心するどころか、「やっぱり先生も苦しいと言った。ぼくは（わたしは）駄目なのだ」と、さらに落ち込んでしまうかもしれないのだ。この現象は何を意味するものだろう。

メタ認知

わたしは、できるかぎり専門用語は使わないという前提でこの本を書いている。とはいえ、数は少ないが例外もある。例えばこの言葉がそうだ。本書の主人公になるような人には「メタ認知」の形成に困難をかかえている人が多い。

メタ認知とは、自分の姿を第三者の目線で客観的に見つめるような、成熟した認知のスタイルである。この認知のスタイルを、子どもたちは幼児期から少しずつ培っていく。まだ確定的な知見は得られていないものの、わたしは九歳の壁とか、一〇歳の壁といわれる現象の中に、メタ認知獲得のジャンプが一役買っているように思ってきた。

これは、経験的にだれでも知っていることだが、子どもは小学校の三年生から五年生にかけて大きく成長する。その中心にあるものは、おそらく大人になっていくための社会性の開花だと思う。その背景に、メタ認知の獲得が絡んでいるのではないか、と考えるといろいろなものが見えてくる。

それによって何が変わるのか。既に述べたとおり、自分を客観的に見つめる目が育つということである。その結果何が起こるのか。言わずと知れたこと、自分と他人の違いが見えてくる。

「わたしはバナナが好きだ」

「多くの友だちもバナナが好きだ」

「しかし、中にはバナナの嫌いな子もいる」ということが見えてくる。

あるいは、

「わたしは、いまこの遊びがしたい」

「でも、友だちのAさんは、いまこの遊びはしたくないかもしれない」ということがわかるようになる。これによって、子どもは複雑な対人関係を処理できるようになっていく。それは社会性の発達を加速度的（爆発的）に促していく、というわけだ。

ところが、いろいろな理由でメタ認知の獲得に困難をかかえる子どもが出てくる。例えば発達障害のある子どもは、だいたいにおいてここのところが弱い。

なぜなら、相手のことを想像する力がもともと弱かったり、こだわりが強くて視点の転換ができにくかったり、気が散りやすかったり、イライラしやすかったり、思い付きで行動する傾向が強すぎたりするからである。

また、虐待されている子どもも、メタ認知の獲得に困難をかかえやすい。なぜなら、心に余裕を持てず、情緒不安定な状態で自分の姿を見つめ直すことなど、そもそもむずかしい課題だからである。それに加えて対人認知や対人態度に歪みが起こってしまうような状態で、自分の姿を客観視することなどできようはずがない。

それだけではない。いろいろな理由で起こる心の悩み、それによるストレスが強ければ、そもそも余裕のある視点の確保などむずかしい。また、そうした状況では、一度は獲得できていた認知のスタイルであっても、退行（子ども返り）を起こす可能性は十分にある。

おわかりいただけただろうか。メタ認知がうまく機能しないと、対人関係の中でいろいろな不都合が起こりやすくなる。そうした中で、最もやっかいなものの一つが、くどいほど繰り返してきた「困っていない人」の状態像なのである。

換言すれば、自他の関係の中で、自分の姿を適切に把握できること、人間関係の中で起こるいろいろなトラブルの意味を理解すること、さらにそれへの対応策を考えること。これは「メタ認知が形成できる」という前提がないと、とても達成困難な課題になってしまう。

考えてもみてほしい。他者（例えば支援者や指導者）の思いを理解できるから、「こうした方がいいよ」という助言に納得がいく。他者に受け入れてもらったことがわかるから、心に安心と余裕が生まれる。これがあるからわれわれは、相手と自分との関係性の中で起こる出来事、例えばトラブルに対して、対人関係を通して対処できるようになる。というより、これらの課題は対人関係を通してでないと、乗り越えていけないのだ。

これは、逆の場合を考えれば明白となる。自分とは違う考えを持つ人がいるということを想像する力が不足するから、その人は相手のことを理解できにくい。そうすると、自分の考えと違うことを助言された場合、よほどの現世利益が伴わない限り、それを自分への批判だと受け止めやすくなる。だから「うるさい」という反発も出てくる。

支援者や指導者の思いがわからないから、自分の苦しみを受容してもらっても、なかなか苦しみの連鎖から解放されず、「やはり自分は駄目なのだ」という暗い夜道をいつまでも歩き続けることになってしまう。

その結果はここへいきつく。反論・説諭、傾聴・受容、支援者や指導者がせっかく対象者のことを思って実践した介入が罪作りとなり、ときには状態像の悪化を招いてしまう。そういう人への支援や指導こそがわれわれには求められている。さて、そのためにどうすべきだろう。

わたしは本章において、いろいろ思うところは述べてきたが、肝心の表題（支援）には一言も答えていない。だいぶお待たせしたが、ここからわたしがいままでやってきたこと、いまもやっていること、そしてこれかもやっていこうとしていること、すなわち支援について述べる。

利害一致

利害一致という言葉の意味はご存じのとおりだ。しかしここで述べんとすることは少し違う。

ここでいう利害一致とは、「支援や指導を受ける対象者と、支援者や指導者との間で、利害一致は起こっていますか」ということである。この対象者との間で利害一致を作るやり方は、なぜかいままで真正面から取り上げられていないようだが、わたしは支援や指導における不可欠な条件の一つだと思ってきた。

要するに、対象者の言動によって起こる問題を、支援者や指導者の問題と符合させ、ともに解決していく環境を作ること。それがここで言う利害一致の手続きであり、その手続は対象者の〝生きづらさ〟を和らげる優れた支援につながっていく。なぜなら、利害一致は被支援者と支援者を立場の相違という呪縛から解放し、支援を強力に後押しするからである。そのためにこそ、わたしたちは支援を受ける人との対話を疎かにしてはいけない。

例えば学校でのお話。教師が生徒に「学校の勉強は大切だよ」と語りかけたとしよう。その生徒と教師との間には勉強課題への利害一致が起こっていなかったとする。にもかかわらず、生徒が「それはそうだ」と思ってくれれば、おそらくその生徒は勉強に関して特別な支援を必要としない生徒だと思う。

この場面で教師は、わかってくれた生徒に、「ありがとう」とお礼を言うべきだろう。仮に教師がお礼を言わなかったのに何も起こらなかったとしたら、それは当該生徒が示した寛容の発露だったに違いない。

勉強課題に対して、利害一致が起こっていない教師から「学校の勉強は大切だよ」と指摘され、苦笑いで済ませる生徒は社会性のレベルが高い。通常はムッとして取り合わないか、悪くすると「うるさい」と反発してもおかしくはないのだ。

もっとわかりやすい学校の話をしよう。日本の学校にはどこへ行っても、一学級に三～四人は授業中に私語の目立つ生徒がいる。教師はその場を放置できないので、私語が生起する度に「授業中だからおしゃべりはやめなさい」と指導する。しかし、利害一致が起こっていないのにそんな指導をすれば、それこそ「うるさい」といった反発が返ってきやすくなる。よほど成熟した生徒を相手にするのでなければ、利害一致の手続きは支援や指導の不可欠条件なのだ。

利害一致の作り方は、それほどむずかしいものではない。例えば先ほどの私語が多い生徒の場合、教師はそういう生徒だからこそ対話してほしい。「きみはおしゃべりが多いから、先生はそのたびに叱ることになる。そのたびに叱る先生も大変だけど、そのたびに文句を言われるきみも大変だろう」と。そうすると生徒は「それは大変だ」と答える可能性がきわめて高い。ここで利害が一致する。

この課題であなたもわたしも苦しんでいる。あるいは、この課題が片付けばあなたもわたしも嬉しくなる。こうした状況を作ることこそ支援である。指導はその後についてくるものだと考えていただきたい。

もちろん、利害一致を起こしても、当該生徒の私語はそうそう簡単に減少するものではない。しかし、やみ雲に叱るより、利害一致によって、指導が少し楽になる可能性は高まる。生徒の私語が再発したとき、教師は普通どおりの授業展開を進めながら、その生徒の机の上にそっと手の平を置く。すると生徒は私語を止めて教師の方を見る可能性が高くなる。視線が合ったところで教師はニッコリし、指で作ったグッドかオッケイのジェスチャーを生徒へ返す。そうすると生徒の方も、ニヤリ（本当はニッコリがよい）とした笑顔を返す可能性が高くなる。

こうした動作やジェスチャーを用いた「やり取り」については、本書の後半でそのメカニズムを含めて詳述するが、「やめなさい」という否定的な言葉で叱るより、生徒に与える不快感は格段に低下する。話が少し横道に逸れたが、教師と生徒との間で利害一致を起こすことは高度な支援につながる。そこで、利害一致を作りやすくする言葉のやり取りについてもう少し紹介しておきたい。

肯定的前提

支援や指導が必要な人に何らかのメッセージを伝えるときには、意図的に「きみもよくわかっているように」という一言を挿入する。これは相手が「わかっている」とか「わかっていない」という問題ではなく、対話における枕詞だと思っていただきたい。

「わかっていると思うけど」では弱い。「きみもよくわかっているように」とはっきり伝える。そうすると、相手の「ものわかり」が少し良くなる可能性が高まる。

どうして「ものわかり」が良くなる可能性が高まるのだろう。それは「きみもよくわかっているように」という一言が肯定的だからである。

われわれは、よくその逆をやってしまう。「きみはわかっていないから教えてあげる」さらに駄目押しして、「だから先生の言うことを聞きなさい」。これは相手の「ものわかり」を悪くするための効果的なやり取りになる。その理由は明らかで、「わかっていないから」は否定的だからである。

この説明でかなり納得していただけたと思うが、もう一つ実例を示しておこう。「きみもわかっているように」の枕詞を省略して、「高校を卒業するのは大切なことだよ」と直球を投げるから、「高校には意味がない」とか、「高校には行かないから放っておいてくれ」とか、ときには「やかましい」という反応が返ってくる。

対象者がわかっていなくてもよいから、「わかっている」という肯定的前提を作ってあげると、対象者も肯定的になりやすくなる。これは高度な支援である。

ときには、「きみもよくわかっているように」という言葉に、「わたしはわかっていない（わからない）」と反発する人がいるかもしれない。そうしたとき、支援者や指導者はニッコリして「またまた御謙遜を」これでたいてい丸く収まる。

こうした「やり取り」は本書の後半でも取り上げるが、知的に高い天邪鬼な人がいて、「そんな取って付けたようなことを言うな」と反発することがある。そうしたときには、「そうきたか。おぬしなかなかできるな」と返す。

このフィードバックでは相手の感情を害するおそれがある場合には、素直に「ばれたか」と返すときもある。これも使えないと判断したときには、「ちゃんとわかっていて引っかかりたくなる。ぼくも若いときはそうだったよ」などフィードバックの仕方はいろいろある。要はわたしたちの知恵が試されるということだと思う。

他者批判

もう一つ、わたしがよく使う利害一致を作りやすくする方法、それは他者批判の切り返しである。だいたいにおいて、本書の主役になるような人には他者批判の傾向が強い。他者批判をしている人の言っていること、それ自体は正論である場合が多い。しかし、自分もできていないのに、それで他者を批判するからややこしくなる。自分のことを棚に上げての他者批判は即トラブルの原因になるからだ。

例えば、またまた学校の例で説明すると、どこの学校にも遅刻の大将と呼ばれるような生徒が何人もいる。そうした生徒でも、連日遅刻ばかりかというとそうでもない。学校で興味深いイベントのある日なのか、それとも思いがけない奇跡が起こったのか、ともかく遅刻せずに来る日もあるのだ。

ところがそういう日であっても、遅刻してくる生徒は他にもいる。そうすると、その遅刻の大将がとんでもないことを言う場合がある。教師に、「先生、あいつはいつも遅刻ばかりしてくる」と。

先に指摘した授業中の私語が多い生徒でも起こる。おしゃべりの大将が、おしゃべりする他の生徒をつかまえて教師にこんなことを言う。「先生、あいつはいつもおしゃべりするからうるさい」と。まだまだある。約束破りの大将が約束を守らない生徒を責める。ドアを開けっ放しにする生徒が他生徒の同じ行動に苦言を吐く。掃除をさぼりやすい生徒が同じような生徒を批判する。他人を傷つけるようなことを平気で言う生徒が、自分を傷つけることを言った（らしい）生徒を、完膚なきまでに言葉で叩きのめす。こうした事例を取り上げ始めたら、それこそ際限なくなってしまう。

それを処理する教師の苦境は察するに余りあるものだ。しかしこうした場面は、絶好の支援や指導の機会でもあることをご存じだろうか。おそらくご存じではないのだろう。

なぜなら、圧倒的に多くの教師が、「きみはそんなことを言える立場だと思っているのか」という叱責によって、この千載一遇の支援や指導の機会を逃してしまうからである。

自分のことを棚に上げて他者批判をする生徒は困ったものではあるが、批判の部分に限ってみれば、既に触れたようにあの人たちは正当なことを言っている場合が多い。だからこそ、教師は以下のようにフィードバックすべきだと思う。

「〇〇が他人の迷惑になることをわかっているきみはすごいよ」と。もちろん、対象者がわかっていない生徒であってもいっこうにかまわない。

さて、これは何をやっているのだろう。そもそも、結果的な批判や他者批判などは誰にだってできるものだ。わたしにとっても、あなたにとっても、そんなことは朝飯前なのである。

それを承知の上で、遅刻が他人の迷惑になっていることがわかるきみは素晴らしいというフィードバックを行う。これは、他者批判、すなわち他者認知を自己認知へと切り替える大転換の操作なのだ。「わかってるきみはすごい」の一言によって。だから、他者批判の切り返しは高度な支援なのである。

さて、本章はこれくらいにしておこう。次の第三章では、本章で述べたような支援を必要とする人は、どのような課題でつまずくのかということに触れ、いよいよ第四章以降で本書の主題へと進んで行きたい。

第三章

課　題

世の中には、わたしたちが何となく乗り越えてきた課題を乗り越えられない人がいる。本書の主役になるのは、まさにそういう人たちである。

不器用というか、融通が利かないというか、あの人たちは、わたしたちなら何でもないようなことに「こだわって」自分を追い詰める。結局課題は乗り越えられず不全感を募らせる。その結果が、相手が悪い、学校が悪い、職場が悪い、世間が悪い、になってしまう。これは何とかならないものか。

それを考え、支援や指導の方法を提示するために、わたしはこの本を書いている。そこへ行きつくには、あの人たちが「何に行き詰まっているのか」を明らかにする必要があると思う。しかし、これが意外にむずかしい。

あの人たちが行き詰まっている課題がむずかしいのではない。その課題があまりにも当たり前のこと、言葉を換えれば「それがどうした」と言いたくなるほど「わかりきった事柄」ばかりだからむずかしくなる。

これを妙な理屈だと思わないでほしい。わたしたちは、目の前にある「当たり前のもの」には気づきにくい。また、たとえ気づいても「それの何が問題なのか」と思ってしまいやすい。そうした課題があの人たちを苦しめている。

本章は、あの人たちが行き詰まりやすい課題を取り上げたいと思って特設した。それくらいにしないと、だれもこんなことには着目しそうにないからだ。実は、ここで触れる課題はわたしたちの中にも確実にあるのだが、たいていは「まあいいか」と素通りしてきたものばかりである。なぜ無難にやり過ごした（やり過ごせた）のだろう。それはみんなが当たり前に持っている課題だからである。

みんなが持っている課題は、あえて取り上げることもない、とわたしたちは思いやすい。それは空気のようにそこにあり、これからもそこにあり続けるものである。文字どおり空気に例えれば、だからわたしたちは「地球上から急に空気がなくなったらどうしよう」などという心配はしない。その心配への科学的な根拠は皆無だし、それを問われても「それがどうした」という、意味のない課題にしか見えないからだ。

それが「みんな」の当たり前な（無意味な）課題ではなく、「自分」の特別な課題になってしまうのが本書の主役たちである。しかも、息苦しさは感じるが、それが何であるのかを洞察できない。だから、本章で取り上げようとしていることは「やっかい」なのである。

本書の主役たちには、愛知（哲学）の素質が備わっているように思われる。われわれが見落としてしまう、人生の些細な、しかし本質につながるかもしれない課題につまずき、苦しむことができるのだから。ただ残念ながら、あの人たちに愛知の素質はあっても、賢哲の高みには到達できそうにない。苦しみは感じるが、思い悩み、考えることを放棄してしまうからである。

後に残るのは、理由のわからない苦しみの持続だけ。そういう世界をわたしたちは「地獄」と呼ぶ。「人を殺してみたかった」も、もしかすると「地獄」の底から湧き上がった硫黄のような言葉なのかもしれない。

子どものころ、お寺のお坊さんから教わったことがある。「人はだれでも罪を背負って生きています。それに気づくことは苦しいものです。しかし、気づかないまま罪を重ねること、それを仏様は地獄とおっしゃっています」と、いまでも鮮明に憶えている。このお坊さんがおっしゃったお説法とは意味が違う。

とはいえ、気づかれない（気づかない）苦しさについて考えるのが本章である。

友だち

いろいろな人と交流できる。それは素晴らしいことだと思う。だからわたしたちは、子どもが小学校へ入学する日、「友だち賛歌」を子どもたちへプレゼントする。そう、入学式の定番、あの歌である。ここで誤解しないでほしい。わたしは「あの歌」に文句をつける気はまったくない。あの歌は、とても可愛く、わたしも大好きである。ここまで書けば、読者の頭の中にはあの歌が浮かんでいるはずだ。

ここで、急にわたし個人の話になって恐縮だが、とてもありがたいことに、わたしは全国から講演依頼を頂戴しており、それこそ北海道から沖縄県まで、全国津々浦々へ出張する。どれくらい出張しているのか調べてみた。その結果、最低限五日に一度は、日本のどこかで話をさせていただいているのだ。これには調べたわたしの方が驚いた。わたしの本来業務は学校巡回だと思っていたからである。

さて、話を戻して「あの歌」である。あの歌を研修会や講演会の参加者に歌っていただく。これは、わたしのお話の定例パターンになっている。そうすると、小学校はもちろん、中学校や高校の先生方、児童福祉機関の方々、医療機関の方々、産業関連の方々、保護者、大学生、どんな場所でも、どんな参加者でも、あの歌の大合唱が響き渡る。

それはともかく、なぜ参加者に歌ってもらうのか。それはこの歌に、本書の主人公になるような人を理解するための隠喩が含まれているからだ（もちろん作詞者の意図されたものではないと思うが）。一度読者の皆さんも歌ってみてほしい。

いちねんせいになったら
いちねんせいになったら
ともだちひゃくにんできるかな（後略）

まど・みちお　作詞／山本　直純　作曲

とても可愛い歌だと思う。目くじらを立てるようなところはどこにもない。しかし、である。みんな仲良しである。みんなと仲良くなれる。みんな友だちである。みんなと友だちになれる。そうありたいものだが、そんなことはできるのだろうか。

少しひねくれた見方で申し訳ない。「ともだちひゃくにんできるかな」。これは「そうありたい」という標語、すなわちスローガンにつながる表現だと思う。

標語というものは、美しくはあっても、少々一面的なところがある。だから標語と現実は一致していない。

というより、現実が本来あるべき理想像と乖離しているから、われわれは標語という比喩に託して、現実の在り様を戒めてきた。早い話が「早寝、早起き、朝ごはん」なのだ。

この点さえわかっていれば、スローガンには何の害もないと思う。しかし、スローガンの世界に住んでいるような融通の利かない人が、人間関係の中で納得のいかない状況に直面したときにはどうなるか。

例えば学校で、一人のクラスメイトと意見が合わなくなったとしよう。それは、だれにとってもあまり気分の良いものではない。そうしたときに、「こういうことはだれにでもあることだ」とか、「もしかしたら、相手の虫の居所が悪かったかな」とか、「クラスメイトはこの子だけではない」と思うことができれば、この状況での危機管理は万全だろう。

しかし、そうではない場合、特にその人が「自分はだれとでもうまくいく」という大前提を持っていたりすると、一人のクラスメイトとうまくいかない自分が許せない。あるいは自分とうまくいかないクラスメイトが許せないという、とてもむずかしい状況が表面化する可能性を高めてしまう。

というのは、わたしたちは要求が通らない場面に直面したときには、要求を変えることより、その要求にしがみつく傾向を強めやすいからである。その先にあるものはトラブルしかない。そしてわたしたちは、この状態像を絶対に軽視すべきではない。

なぜなら、例えば不登校の出発点などには、だいたいこの状態像が関与しているからである。

従来、不登校の子どもは、自信のない子とか、対人不信の強い子とか、被害感の強い子と言われてきた。しかしそれは後付けの理由である場合がほとんどだ。ここまで書いたのだからもう一つ。不登校ほど「きっかけ」と「原因」を混同されている子どもをわたしは知らない。

つまり、不登校には必ずきっかけがある。友だちにへんなことを言われたとか、教室でいやな経験をしたとか。しかし、これはあくまで「きっかけ」ではあっても、「原因」ではないことの方が多い。原因、すなわち問題の所在はここ。つまり、みんなと仲良くしなければならないという大前提、これが原因である場合が非常に多いのだ。

というより、本章で述べている課題、それは一部を除いて、不登校の原因になるものばかりである。不登校に関しては別章を設けて詳述するが、この仕組みがわかっていないと、不登校対応はうまくいかない。見立て違いは落とし穴、ご用心ご用心なのである。

一番

勉強でも、運動でも、一番の成績を取れることは素晴らしい。わたしも、できればそうありたいと思っている。しかし、そんなことはできるのだろうか。

百歩譲って、たまに一番になることはあるかもしれない。しかし、それがいつもとなると、そんなことを続けられるはずはない。

そもそも、一番であり続けることに、それほどの意味はあるのだろうか。例えば特定のスポーツ競技で一番になったとする。さらに一番の記録を伸ばすように頑張る。それは素晴らしいことだと思う。しかし一番というのは追われる身だ。追われる身は、追う側より辛い。以前、記録を破られたスポーツ選手の内輪話を聞いたことがある。

「たしかに、若い人に記録を破られたときは悔しかった。でも正直に言うと、少しホッとしたところもありました」

これはトップに立った人だからこそ実感できるものだと思う。つまり、一番になるということは、嬉しいだけではなく、けっこう辛いことでもあるのだ。

その一方で、一番にならないと気の済まない子どももいる。その程度はさまざまとはいえ、例えば「じゃんけん」のように、本人の努力とは無関係な勝負であっても、一番にならないと気が済まない。そんなことを言い出すと、とたんにその子どもの集団行動はむずかしくなってしまう。しかも、そういう子どもの出現頻度は、多いとはいわないが、決して少なくもないのである。保育園、幼稚園、小学校、中学校、年齢によってさすがに減ってはいくが、そういう子のいることは園や学校の先生に聞けば、みなさんよくご存じのとおりだ。

一番になれなければ、パニックを起こして泣き叫び、ときには大暴れをする。負ける可能性のあるものには一切手をつけようとせず、勉強ではテストを受けることを拒絶する。

冒頭に書いたとおり、一番へのこだわりは、あながち悪いことではない。しかし、ここまでくるといかがなものか。それは、子どもの社会適応の幅を著しく狭めてしまう。それだけではなく、別の章でも述べるように、これは不登校にも、非行にも、直接的あるいは間接的な影を落としやすい。

ところで、子どもたちは、まずは一番へのこだわりから人生の扉を開ける。お父さんは世界で一番、お母さんも世界で一番、わたしも世界で一番。そのとおり、そうこなくてはいけない。そもそも子育ての出発点はこうあるべきだろう。

子どもたちは、そうした一番へのこだわりをどこで乗り越えていくのか。それには、前章で触れたメタ認知の獲得が重要な役割を果たしていると思われる。何しろメタ認知とは、自分と他人の違いを知ることでもあるからだ。これはあまりにも大切なことなので、前章では触れなかったメタ認知獲得の経緯について、もう少し詳しく述べておこう。

多くの子どもは、「勝ち負けの課題」を遊びの中で乗り越えていく。何しろ遊びとは、基本的に勝ち負けを伴う生の対人ゲームなのだから。その点、生の対人ゲームではないコンピュータゲームには、その効力はほとんどないと思う。

そうなのである。ともかく子どもたちは、遊びの中で勝つことの楽しさを学んでいく。いつも勝てるものではないことも学んでいく。負けることも学んでいく。そして、最も大切な学びはこれ。

「負けることがあるから、勝つことが楽しくなる、負けることがあるから、それは勝つこと以上に遊びを面白くする。そして遊びの本質は、勝つことより、負けることより、スリルやワクワク感を楽しむことである」と知る。

ここまでいけば、遊びの極意、お見事、免許皆伝である。

わたしは、子どもたちには小学校三年生くらいまでに、この「勝つことより、負けることより、遊びを楽しむ」というところへ到達してもらいたい。それは、小学校三年生くらいまでに勝ち負け課題を乗り越えておけば、その後の人生は楽勝になるからだ。

考えてもいただきたい。長い人生において、自分が人に負けるということ以上の強烈な体験などあろうか。これさえこの年代（思春期前の年代）で乗り越えておけば、その後の人生でたとえ自分が負ける現実に直面したとしても、多分「人を殺してみたかった」の境地には辿り着かない。

繰り返しになるが、小学校三年生くらいまでに、遊びの中で「勝ち負け課題」を乗り越えていれば、その後も補強作業の機会に恵まれやすくなる。例えば集団競技、運動会のクラス対抗リレーを「みんなで頑張った」けれど勝てなかった。涙、涙、そんなチャーミングな経験も用意されている。

しかし、中学生になっても、高校生になっても、ときには大学生になっても、この辺りに怪しさを残している人がいる。例えばサッカーとかバレーボールの試合、みんなで頑張ったけどチームは負けた。涙、涙、の青春物語かと思いきや、「お前が失敗したから負けたのだ」と個人攻撃をしている人がいる。勝敗要因の分析ならいくらでもやってくれ。しかし個人攻撃をするような人はまだまだ「勝ち負け課題」の消化に怪しさを残している。要するに修業が足りないとは、まさにこのことだ。

最後に一言、なぜ思春期に入る前の小学校三年生くらいが美味しいのか。その理由は明らか。思春期とは、「オレが」「ワタシが」の嵐。勝ち負け課題の「るつぼ」なのだから。だからこそ思春期は苦しい。でも大人になってしまうと、思春期は懐かしい。それが人間というものだ。

いいかげん

「いろいろ不満もございましょうが」この言葉の意味はおわかりだろうか。

ご存じのとおり。世の中にはいろいろ思うに任せないことがある。そんなことはだれでも経験するものだ。ブツブツ文句を言っていても仕方がない。そんな暇があるのなら、「まあいいか」ということにしておこう、というある種「いいかげん」な認知形成を表す一言である。

しかし、ここでよく考えてほしい。

この「いいかげん」さがあるからこそ、わたしたちは少々むずかしい問題に直面しても、無難にその場をすり抜けることができた。この「いいかげん」な認知を形成する力は、おそらく神様がわたしたちに与えてくださった、最高のプレゼントの一つだと思う。

ところが、この認知を形成できない人もいる。そうすると、とたんにその人の周りには息苦しさが漂い、酸欠状態の苦しみが湧き上がってしまう。その苦しさから逃れるためには、その世界から撤退するのが一番だ。それは不登校やひきこもりの原因（の一つ）となる。

考えてみれば、わたしたちはずいぶん「いいかげん」な世界を生きている。何しろ極論すれば多くの課題を与えられながら、わたしたちには完璧に乗り越えたと明言できるようなものなど「ほとんど」ないのだから。

二に三を加えれば五になり、四辺形には四つの辺がある。よおし完璧だ。わたしは数学的真理の一つを完璧に理解した。しかしまてよ。さすがに神様がとは言いにくいが、これは悪霊がわたしたちを欺き、そう計算させ、あるいはそう考えさせているのかもしれない。本当の完璧性とは、真理とは何だろう。懐疑、懐疑、懐疑の念……と考え続けた人もいる。わたしはルネ・デカルト先生が大好きである。

さて次へ移ろうと思って、書き忘れていたことに気がついた。本書の主役たちには完璧性とは逆のパターンを示す人もいる。つまりあまりにも「いいかげん」な認知を形成し過ぎて、周囲に迷惑をかけるような人である。こういうタイプの人は、「わがまま」とか「怠惰」と評されやすく、まさにわたしたちの守備領域に入る人なのだが、これは「課題」というより「問題行動対応」という言葉がよく似合う人になってしまう。しかし、そういう人に「怠惰」という評価は酷すぎる。ぜひとも「支援を待っている人」と捉え直すべきだろう。

また、本章で述べていること、例えば「友だち」にしても、「一番」にしても、この「いいかげん」

な認知形成の不全にしても、その背景にあるものを追い詰めていくと、「こだわり」という現象に辿り着く。これはあの人たちの〝生きづらさ〟の根底にある問題の一つであり、詳細は第六章の中で取り上げてある。

いずれにしても、ここで触れた「いいかげん」な認知が形成できないことに関して、ほぼそれと同じ課題でありながら、どうしても別項を設けたいと思うものがある。それは矛盾という課題である。

矛盾

世の中は矛盾に満ちている。しかも本書の主役たちには、そうした世の中で生きていってもらわねばならない。これはとても苦しい課題だと思う。

世の中の矛盾、これはだれにとっても、まことにむずかしい課題である。そのため、世の中の矛盾を嘆き「矛盾のない世の中をつくりたい」と主張する人が出てきても無理からぬことだと思う。むしろ、あっけらかんとしているわたしたちの方がおかしいのかもしれない。ここでもわたしたちは、「いいかげん」な認知に助けられている。ときには「そんなことを考えている暇はない」という勝手な理屈に守られて。

しかし、一方の「矛盾した世の中を何とかしたい」と熱くなっている人にも一言物申したい。水を差すわけではないが、矛盾のない世の中とはそれほど素晴らしいものだろうか。この章の最初のところ（友だち）で触れた、「標語」としての「矛盾のない世界」なら理解できなくもないが……。

というのは、世界史を紐解けばわかるように、歴史というものは、矛盾のない世の中を作ろうとした人の話で満ちている。残念なことに、たいていはそうした人が思い半ばで倒れる話だ。しかし、数は少ないもののサバイバルを勝ち抜いた人の話も出てくる。ところが、そうするとまた新たな矛盾が生まれ、矛盾のない世の中を作ろうとする人が出現する。

そもそも歴史というものは、こうしたパターンの中で引き継がれていくものらしい。この繰り返しを否定して、世の中の進歩などあり得ようはずもない。これぞ歴史の弁証法と言うべきか、などと悠長なことを言っていられない事件も歴史の中では繰り返されてきた。

すなわち、天才の所業か悪魔の所業か、特定の人が矛盾のない国家をつくってしまったがために、悲劇的な大崩壊が起こってしまうこともあるのだ。

その代表的人物と国家を挙げろと言われたら、例えばヒトラー総統率いる第三帝国だろう。ここではっきり言わせていただく。ナチズムは「美しい」。なぜなら、その中にいる限り矛盾はないのである。第三帝国の大幹部パウル・ヨーゼフ・ゲッベルスの奥さんは言っている。「ナチズム以外のところで子どもを育てたくない」と。そう、ナチズムは美しいのだ。矛盾したことを言う人はどこかへ行ってしまうのだから。

それはともかくとして、わたしはそんな国には住みたいとは思わない。矛盾していてもよいから、いろいろな人のいる国の方が好きである。ゲッベルスの奥さんには悪いが、子どもたちには、矛盾していてもよいから、いろいろな人のいる国で生きていってほしい。

となると、なすべきことは明白である。いわれなき差別のような、悪としての矛盾は無くすよう努力を重ねるべきだ。しかし、子どもたちには「矛盾との付き合い方」をこそ教えたい。できれば矛盾と付き合うことの面白さも。

さて、そうなると子どもたちのためにも、矛盾した学習環境が必要となる。何しろヒトラー総統の第三帝国では、矛盾との付き合い方、ましてや矛盾の楽しみ方など教えられるはずもないからだ。

安心していただきたい。子どもたちには理想的な学習環境が準備されている。その答えは、だれが何と言おうと「学校」以外にあり得ない。学校にはいろいろな先生がいる。優しい先生、厳しい先生、面白い先生、怖い先生、物分かりの良い先生、物分かりの悪い先生、生徒の方も同じこと、これぞ素晴らしきオールスターキャストである。それに加えて学校にはいろいろなルールがある。その中には校則という不思議なルールも。

この環境の中だからこそ、子どもたちはいろいろな矛盾との付き合い方を学習できる。しかも、学校は基本的に子どもたちが「失敗できる（失敗が許される）」環境でもある。どう考えてみても学校は最高級の教育的環境だと思う。これは断じて皮肉ではない。

そこまでしてでも、子どもたちには矛盾と付き合う力を育てたい。これさえできれば、子どもは将来いかなる状況に遭遇しようとも、「人を殺してみたかった」などという矛盾に満ちた言葉は口にしなくなると思うから。

恋愛

恋愛は、人が人である限り永遠の課題と呼ぶべきだろう。だから本書の主役たちもこの課題から逃れることはできない。

というより、恋愛課題におけるあの人たちの典型的な生きづらさが、少しずつ薄まりながら、わたしたちの中にも存在すると考えた方がよいだろう。

そこで唐突な質問をお許し願いたい。

「あなたは『わい談』を楽しめますか?」

わい談という言葉にレトロな響きすら感じてしまう昨今だが、要するに友だち同士で性情報を共有し、そこでニッコリできる人は大丈夫。「?」の人は少々心配である。友だちと性的な話をしてニッコリできる人、それは性の情報が人間関係を通して入手可能だということ。これに対してニッコリできない人、それは性情報を人間関係から入手できにくい人ではないのかということ。これは恋愛の本質に触れる問いでもあるので、もう少し説明しよう。

世の中には男と女がいる。そんなことはだれにでもわかることだ。その次に人間関係がある。その中で恋愛が起こる。そこで性行動も出てくる。わい談でニッコリできる人はこの図式がわかる人だと思う。

ここでニッコリできない人、その人でも世の中には男と女がいることくらいはわかる。しかし、その次にくるはずの人間関係が弱いまま恋愛感情が湧き起こる。下手をすると恋愛感情を飛ばして性へ、そんなことが起こったら、それはかなり危ないのではないのか。

重要なところなので繰り返す。性の情報を友だちと共有できる人、そういう人が性的刺激の強いビデオを見ようと、エロチックな本を読もうと、わたしはそれほど心配しない。

それに対して、性の情報を友だちと交換できないような人は心配だ。なぜなら、性の情報が性的なビデオや本からしか入らない可能性が高くなるからである。そうすると人間関係や恋愛の部分を飛ばし、女の子というとおっぱい、女の子というとお尻、男と女というとキスだとか、セックスだとかいうことになりかねない。

こうした恋愛絡みのトラブルは、後の章でも取り上げるが、要するに恋愛は人間関係である。ここの部分が本書の主役たちの課題になりやすい。人間関係、これは永遠の課題であり、あの人たちにとっては永遠の謎になる。

例えばこういうこと。恋愛は人間関係だから、対人マナーが試される。しかし、そもそもこのマナーという代物が魔訶不思議である。少なくともお互いが成人年齢に達していれば、相手の「いいよ」の一言で、マナーの障壁は一挙に消滅する。夜中に電話しようが、押しかけようが、呼び出そうが、そんなことはご自由にどうぞの世界になっていく。

しかし、本当に相手が「いいよ」と思っているのかどうか。これは複雑怪奇の世界であって、ときには阿吽の呼吸がものを言う。ひるがえって、確認すればよいのか。これは無粋というものだ。「キスしてもいいですか」と許可を求めてからキスをする。そんなことはやめてほしい。

マナーに関してはもっと別の要素も出てくる。もし恋人が親と同居していれば、置かれている状況は恋人の意向とは関係なく大転換する。そんなことは当たり前だろうと軽く言わないでほしい。本章の冒頭で釘を刺したではないか。目の前に転がっている当たり前のことが課題になり、それがあの人たちを苦しめると。

少し番外の話になってしまうが、ときには本書の主役たちが示す不器用さ、無粋さ、強引さが「一途」な印象を与え、相手の恋心を燃え上がらせることもある。しかし、実際に付き合ってみると、異様なほどの確認癖や嫉妬深さが「一途」の域を超え、一度は燃え上がった恋心に水を差すこともある。ところが、出発点が色恋沙汰であるだけに、その後は泥沼化しやすい。この状況は双方にとってあまりに悲劇的である。とてもむずかしいことはわかりきっているが、恋愛課題については後の章でもう一度取り上げてみたい。ともかく恋は魔物だ。

就労

本書の主役になるような人がかかえ込む究極の課題は就労である。すべての支援は社会的自立を目指すものであり、行きつくところはここだから当然だと思う。

さて、そのための就労支援である。

仕事の尊さを教えること、仕事の楽しさを教えること、仕事のやりがいを教えること、職場での対人関係を教えること、それに必要な対人スキルを教えること、生活管理や時間管理を教えること、就労に必要な技術面での能力開発を行うことなど、も、大切だ。ここでおかしな句読点の用い方をした。それは次の事項を強調したかったからである。

就労支援に関しては、前段で述べたことも大切である。しかし、前段に記載した事項全部を合計してもまだ足りないくらいに大切な支援事項がある。

それは職業の本質を教えることである。決して抽象的な観念を教えるのではない。職業を広い意味での社会参加活動として捉え、他の社会参加活動と決定的に違うところを教える。それは何だろう。

おそらく、職業が他の社会参加活動と決定的に違うのは、「収入」を前提にしているところではないだろうか。わたしはこれが職業の本質だと思ってきた。

どうして収入が得られるのだろう。それは、職場での仕事というものは基本的に不快性を伴うものだからである。換言すればこうなる。仮に職場での仕事が楽しいことばかりなら、われわれは職場へお金を払わなければならない。職場はディズニーランドではないのである。

職場での仕事は元々楽しいものではない。したがって収入というものは、「嫌なこと料」のようなものである。だから、複雑な仕事、要求の多い仕事、特に不快性の高い仕事、危険な仕事は基本給が高い。

ここでも、そんなことはわかりきった当たり前のことだと軽く扱わないでほしい。既に述べたように、あの人たちは当たり前のことが課題になってしまい、われわれからすると「それがどうした」という事象で行き詰まる。ともかくあの人たちは、仕事には付きものの当たり前に起こる「嫌なこと」で離職してしまうのだ。

例えば、嫌な上司がいた、嫌な先輩がいた、嫌な同僚がいた、嫌なお客さんがいた、こういうときにこそ、「ああこれが自分の収入源なのだ」と思うことができるようにする。それが離職を防ぐ最善の方策、すなわち就労支援につながる。

もちろん、就労支援にはいろいろな手立てがあってもよいし、そうあるべきだと思う。しかし、わたしがいままで出会ってきた人から痛感したことは、ここで述べたようなものである。やはり就労の基本にあるものは収入だろう。すなわちお金をもらうことと、お金を払うことの違いをきちんと弁別（見分け）させること、出発点はここからだと思う。仕事の尊さ、仕事へのやりがい、そうしたことはお金をもらうことの意味がわかれば、自然に後から付いてくるものだと思う。

その他、細かいことになるが、表情の作り方などが意外な落とし穴になっている場合がある。例えば、失敗して叱られたときの神妙な表情の作り方を練習する。叱られたときにニッコリしてしまい、かえって叱られてしまうケースをわたしはいっぱい知っている。また、困ったときには、いつ、どこで、だれに相談したらよいのか、もしその場に相談すべき人がいなかった場合はどうするかなど、意外なことが課題になっている。

前項で述べた恋愛には、必ずしも社会的ではない条件の方が大きく反映される。本項で述べた就労には、まさに社会的な条件が大きく反映される。この違いが見分けられないことも、本書の主役たちを苦しめていく。

さて、大局的な見地からの考察はこの辺りで十分かと思われる。ここまでを総論とすれば、次章からは具体的な支援や指導の手続きを考える各論ということになる。最後までお付き合い願えればありがたい。

第四章

学校巡回

裏話

まずは裏話から始めたい。本書の構想を練っていた初期の段階では、このテーマで一つの章を設けるという考えはなかった。

なぜなら、わたしは数年前から学校巡回に従事しており、本書の着想もそこから生まれた。つまり、日本の学校が共通してかかえる悩み、学業不振、不登校、暴言や暴力、いじめや非行、これらをわたしの視点から捉え直したときに見えてくるもの、それへの対処法など、巡回先の学校でお伝えしていることと、それを一冊の本にできないかという構想、それが本書の出発点になっている。つまり、現在のわたしにとって、学校巡回は本業なのである。

そうした中で、あえてわたしと学校巡回の関係を、この本で蒸し返す必要はなかろう、単刀直入に本論へ入っていけば十分だ、と思っていた。これが正直なところだったのである。それが、前章を書き上げ、この後に続く各章の草稿に手を入れるようになって、「ちょっと待てよ」と思うようになった。

というのは、既に本書の冒頭で自己紹介したとおり、わたしは数年前まで、法務省矯正局が管轄する矯正施設に勤めていた。その後、後述する学校巡回の仕事をお受けし、それが現在の本業になっている。なぜ学校巡回だったのか。そこには、「矯正施設を辞めたからだ」という、身も蓋もない答え方では伝えきれないものがある。

ここを丁寧に説明しておかないと、わたしのことをあまりご存じない読者が本書を手にされたとき、これは学校巡回をしている（外部の）専門家が書いた学校支援本だと、型どおりに受け取られそうな気がしてきた。

たしかに、わたしは学校からすれば外部の専門家である。しかし、わたしには、学校の教師と積極的に関わってきた歴史がある。今風に言えば「多職種連携」の立場で、学校の教師と交流することが、矯正施設に在勤中からわたしの仕事になっていたのである。矯正施設と学校、二足の草鞋を履いていたわけではない。矯正職員としてそうだったのだ。既にこの辺りから説明が必要だと思う。

ルーツ

わたしは、少年鑑別所での勤務が長い。それは、わたしが心理学の専門家（法務技官）として仕事をしていたからだ。そして、第一章でも触れたとおり、少年鑑別所は、家庭裁判所の裁判官が必要と認めた非行少年をしばらく預かり、心身の鑑別（アセスメント）を行い、何が問題であるのかを明らかにして、処遇の指針を示すのが主要な業務である。

ただし、少年鑑別所の仕事はそれだけではない。これはあまり知られていないことだが、少年鑑別所には地域サービスの業務がある。地域の人向けの相談活動や、学校等への支援を行うこと、これも少年鑑別所の仕事なのである。わたしの在勤中、この業務はある意味努力目標だったが、現在では法整備によって必要な仕事になっている。いずれにしてもこの仕事は、専門知識の地域還元という意味もあり、わたしは転勤した先々で、地元の学校の先生方とお友だち状態になることが多かった。

要するにわたしは、法務省関連の施設に勤務して以来、ずっと学校の先生方とは仲良しなのである。実際の相談活動では、何といっても少年鑑別所であるから非行の相談が多い。しかし口コミとはおそろしいものだ。わたしが発達障害を扱っているという情報が伝わると、わたしを名指しする相談は、圧倒的に発達相談が増えてしまった。そのため、発達検査の器具をかかえてあちこち走り回ったのも懐かしい思い出になっている。

ときには、暴力行為のある小学生について、医療機関の小児科の先生が保護者へ「それは少年鑑別所の小栗さんに相談したらいいよ」と助言され、お母さんがショックを受けたという笑えない話もあったが……。

ちなみに、こうした相談は無料である。ただし、検査を実施したときは、検査用紙代をいただく場合もある（と法務省のパンフレットには書いてあった）。

おわかりいただけただろうか。こうした少年鑑別所での仕事が、現在のわたしを作った。そして、学校への支援は、わたしにとって極めて自然な成り行きとして現在に至っている。その後、いまだに解雇されないところを見ると、学校にとっても、わたしのような経歴のものを身近に置くことのメリットがあったのだと思う（これが手前味噌でないことを祈っているのだが）。

そこで現在取り組んでいる学校支援について、その概略を紹介しておきたい。

学校支援

例えば、Ａ県の教育委員会事務局、特別支援教育課所属の「発達障がい支援員」に係るスーパーバイザーの委嘱を受け、Ａ県内の県立高校を巡回している。また、Ａ県Ｂ市の教育委員会教育支援課から委嘱を受け、Ｂ市内の中学校巡回にも従事している。巡回による支援の内容は、授業参観、教師への助言、ケース会議、教職員研修など広範に及ぶ。この支援活動は、全国各地の小・中・高・特別支援学校など、校種を越えた学校支援へとつながり、さらには学校以外の施設、たとえば児童養護施設、情緒障害児短期治療施設、児童自立支援施設、ときには古巣である矯正施設への支援へと広がっていく。

さて、学校からわたしが受ける相談内容は多岐に及ぶが、既に述べたように学業不振、不登校、暴言・暴力、いじめ・非行などが、主要な相談事項になっている。

こうした多様な相談事項を、「学業不振」とか「不登校」とか、問題群別に捉えるやり方は、硬い表現を用いれば「類型学」と呼ばれる伝統的な整理法でもある。そこで次章からは、こうした問題群別の「かたまり」を順次取り上げ、わたしが学校の教師へ助言していること、理解のポイントや実際場面での対処法について述べていく。

しかしながら、こうした「かたまり」には、問題群の合併（重なり）がよく起こる。そのため、児童生徒の主訴を分類しようとしても、どこの「かたまり」へ入れるべきか迷うことが多い。ときには、せっかく整理したすべての類型を合併しているような事例も出てくるのだ。そのため、ほとんどの類型には

「非定型」とか「特定不能」とか「その他」とか、苦し紛れの別枠（予備枠）が設けられている。

こうした迷いの中で、類型論とは違う視点が登場した。この本の事例で示せば、教師の目の前で起こっている事態をそのまま記述し、それを一つの特性として捉えていくやり方である。

わたしはここで、類型とか特性とか、すんなり簡単に書いているが、これはけっこうアカデミックなお話である。例えば心理学という学問を回顧しても、そこには類型論と特性論の論争史が散りばめられ、心理学自体がその中で育った側面すらあるのだから。

まあ、それはともかく、わたしは類型論も特性論も必要という折衷主義なので、その点のみをお伝えして話を元に戻したい。

目の前で起こっている事態そのものに注目すれば、類型論で捉えきれないところが見えてくる。例えばパニック状態への対処、虚言癖への対処、自作自演が疑われる問題行動への対処、非行を否認する生徒への対処、教室内での同時多発的な問題行動への対処などなどである。

言い古された対比で恐縮だが、骨格的な理解も必要だが、血と肉の理解も必要だ。要は両方ないと駄目だよというのがわたしの折衷論である。

さて、次章以降しばらくは類型的なお話が続く。その後保護者対応の話が出てくる。それでは血沸き肉躍るライブの部分はどこで出てくるのか。ご安心いただきたい。それは本書の最終章に「てんこ盛り状態」で読者をお待ちしている。

さて、概念的なことを書いていても話が脱線するので次章へ移りたいと思うが、本章の最後に、学校巡回での自慢話を一つだけ書かせていただきたい。

自慢話

Ａ県での教育委員会事務局、特別支援教育課の委嘱によるスーパーバイザーを務めていることは既述のとおりである。

もう少し具体的に書かせていただくと、これはＡ県内の県立高校に対する特別支援教育の普及を図るための支援である。わたし一人が従事するのではない。五名の発達障がい支援員とわたし、すなわち六名からなる専門家チームでの支援である。Ａ県内を三つのエリアに分け、各支援員は各エリアに配属されている。わたしは全県対応に当たる。また、各支援員は全員、学校での相談業務や発達検査に習熟したスペシャリストである。

このチームでＡ県内の県立高校を巡回するが、高校からこのチームへのオーダーは非常に多い。進学校からも、勉強の嫌いな生徒が多い高校からも、普通、商業、工業、農業、水産、定時制、単位制など、校種を越えて派遣要請が寄せられる。

それに応じた年間派遣回数は約四〇〇回、派遣先での目的別対応件数は年間六五〇件を軽く突破し、七〇〇件に迫る勢いである。

それだけではない。県立高校の特別支援教育コーディネーター全員を対象にした会議を年三回実施し、最新情報の提供、状況報告、意見交換などを行っている。

開始後七年超となるこの高等学校支援を徹底的に行った。その結果何が起こったのか。

個別の支援・指導計画、個別の教育支援計画、これの高等学校での作成率が、小学校と中学校のそれを追い抜いた。

ご存じのとおり、小・中学校では、特別支援学級での作成率の高さが、全体の数値を押し上げている。そのため通常学級での作成率のみでみると、かなり低めの数値になってしまう。それを通常学級しか持たない高校での作成率が凌駕した。これは画期的な出来事だと思う。

やはり、やればやっただけのことはある。

と少しだけ自慢させていただいて、第五章の学業不振である。

第五章

学業不振

風邪は万病のもと。これは注意喚起を促す警告文である。しかし、警告文特有の厚かましさがない。本来警告というものは、必要があってするものだが、言い方によっては野暮になる。できれば、この「ことわざ」のように、さらりといきたいものだ。

この章でわたしは、「学業不振は万病のもと」と言いたいのだが、これだと文章としておかしい。学業不振は「病（やまい）」ではないからだ。かといって、「学業不振は学校不適応のもと」にすると、それこそ野暮な言い方に近付いてしまう。

こんな「はしがき」は、読者からすれば困ったものだろうが、本章で扱うのは学業不振の子どもである。学業不振は学校にとって困ったものなのだ。

なお、本章にはいくつかの専門用語が登場する。そのたびに簡単な解説は付けてあるが、さらに詳しいことは本書の巻末にある資料を参照願いたい。

学校風景

まず、わたしが学校巡回によって垣間見ている風景を示す。

わたしの学校巡回では、教師から「ぜひこの子を見てほしい」と名指しされる児童生徒の大半に学業不振が認められる。

ところが不思議なことに、「暴言が目立つ」といったことが主訴に挙げられる児童生徒は非常に多いのに、「学業不振」を第一の主訴としてわたしの前に登場する児童生徒は驚くほど少ない。

仮に学業不振を主訴とする生徒に会えるとしたら、高校生で「九九が満足に言えない」というレベルでのご見参となる。これには、学業不振云々の前に、「今まで大変だったね」と労うしかない。しかもこれは、高校生ならときどき、中学生ならけっこう、遭遇する実話である。いったい、この生徒たちは今までどんな学校生活を送ってきたのだろう。

その答えを書いてしまおう。大半はおとなしい子どもなのである。教師に心配はかけたが、迷惑はかけなかった。仮に迷惑をかける子どもであれば、おそらく九九ができないという主訴ではなく、「暴言や暴力が」「虚言が」「盗癖が」といったことが主訴になったと思う。

そういう子どもは、小学生の授業で九九を、あやふやなまま、取りあえず学習できたのかもしれない。しかし、その後九九の授業はなかったので、忘れてしまったのかもしれない。あるいは、中学校などで九九の補習はあったのかもしれないが、相変わらず「にはちじゅうろく」は言えても、「はちにじゅうろく」との違いがはっきりせず、補習が終わるとすぐに忘れてしまったのかもしれない。

学業不振についてはさらに驚くべきことがある。教師に「基礎学力はどの程度ですか」と質問しても、「たいへん低いです」という答えしか返ってこないことが多いのだ。学業不振の内実、つまり「どこがどの程度理解でき」「どこがどの程度理解できていない」のかが、具体的に把握されていない。学業不振は極めて具体的な課題なのに、である。

これに対するわたしの助言は、もちろん主訴とされる（例えば暴言）への対策は考えていく。しかし「学業不振」があるときは、必ずそれへの対策を同時進行させるよう提案することから始まる。そうすると、教師から次のような言葉を返されることが多い。「もちろん学業不振への対策は講じてきましたが、まるで勉強には見向きもしないので、うまくいっていません」なのである。

これは、「箸にも棒にもかからない」ということをおっしゃりたいのだと思うが、まるで勉強に対する学習性無力感（やる気喪失）の生徒バージョンならぬ教師バージョンである。「やってもうまくいかないから諦めている」なのだ。

そこで、これまでどんな指導を試みられたのかを聞いてみると、「そのやり方ではまずかろう」と思ってしまうことが多い。つまり、先生方は一生懸命「学力アップ」を狙っておられるのである。

ここではっきり申し上げておく。いまこの生徒に必要なのは「学力を高める」ことではない。やる気を失った勉強に再挑戦したくなるような「動機付け」である。やる気を持ったような「気にさせる」動機付けでもよい。

そこで極めて重要なことは、学力を高めるやり方と、動機付けるやり方は「別物だ」という点である。ここのところがわかっていないと、学業不振への働きかけはその場で頓挫してしまう。

よく、わたしが「動機付けましょう」と言うと、「そんなうまい方法があれば教えてほしい」と先生方はおっしゃる。そこでわたしが本章で述べるような助言をすると、「そんなことは当たり前だ」とおっしゃる。わたしが少し意地悪に、「そうです。当たり前のことですが、今まで実践されなかったのはどうして?」と聞き返すと、「そんな簡単なことではなく、もっとむずかしい課題があったのです」とおっしゃる。

要するに「コロンブスの卵」なのだ。コロンブスの卵は優れた合理性によって成立する対処法である。それのできる人だったから、彼はアメリカ大陸の一部へ到達できた。その後、それをインドだと思い込んだ（合理性に怪しさが生じた）ため、事態の推移は彼を苦しませるものになっていく。そんなことは皆さんよくご存じのとおりである。

わたしは、学校の先生方は学力指導のプロだと思っている。これに対してわたしは素人である。しかし、やる気のない子どもを「その気にさせる」方法に関しては、けっこう筋金入りだと思っている。なにしろ、学業不振の神様ともいえる非行少年の相手をしてご飯を食べてきたのだから。いまからその手の内をこっそりお見せしていく。使えるところを使っていただければありがたい。

さて、その前に学業不振の本質を考えてみたい。そのキーワードは自尊心の低下。それへの対処に必要なものは、先ほどから何度も触れているとおり、合理的に組み立てられた支援や指導のシステムは、自然にユニバーサルデザイン化するということ（詳細は八二ページから八三ページを参照）。つまり、障害の有無に関係なく、だれに対しても適用可能な、安全性の高い、優しいやり方になっていく。だから、「そんなこと当たり前のことでしょう」と言われてしまう。そう言われたわたしは、にっこり（よかったー）なのである。

自尊心

わたしは、生徒が所属する学年に期待される平均的な学力に比して、二学年以上の遅れがあるとき、迷うことなく学業不振という言葉を使う。それは、二学年以上の学力差がついてしまうと、当該児童生徒の努力のみでは学力の挽回が困難になるという事実に則ったものである。

それはともかくとして、学業不振は教師にとって深刻な問題である。そして、それは当の児童生徒にとっては、さらに深刻な問題となる。

なぜなら、これは子どもの自尊心を捻じ曲げる最強度の危険因子だからである。わたしは、それを「児童虐待に次ぐ」と言い切ってもいいと思う。考えてもいただきたい。学校の勉強ほど、うまくいっていない自分の姿が、児童生徒自身にありありと見えてしまう課題はないのである。

つまり、勉強がうまくいっていない子どもには、保護者そして学校の教師の期待に応えられない自分の姿、加えて友だちに負けている自分の姿がありありと見えてしまう。これは真に残酷だと思う。そのような状況の中で、子どもの健全な自尊心など育つはずがない。

わたしは、「学業不振は学校生活のあらゆる不幸を招き寄せる磁石のようなもの」だと考えてきた。学業不振それ自体が学校生活の不幸を招き寄せるのではない。その結果として起こる自尊心の低下こそが、今後の各章で述べるすべての事象に暗い影を落としてしまう。それほどの「不幸のもと」が学業不振だとすれば、それはいったい何によって起こるのだろう。

＊本当はこの章に書くべきことではないが、その逆もある。勉強はすごくできるのに、それ以外の領域は壊滅状態。これは、実体を伴わない自尊心のみを高めることがあり、これも困ったものである。わたしはそうした人を「勉強しかできない症候群」と呼ぶ。

知的発達障害

学業不振は抽象的な理由では起こらない。

例えば、勉強への無気力があると、文字どおり「やっても無駄さ」ということになり、結果的に学業不振に陥る。しかし、この無気力は最初からあったものではなく、「やってもわからない」という嫌悪的な体験の中から紡ぎ出されたものだと考えるのが正しい。

とすると、「やってもわからない」は何から起こるのか。そこで、最初に登場するのが、知的発達障害（従来の表記では知的障害。アメリカの精神医学会が定期的に改訂している精神疾患の分類と診断の手引きの最新版「ＤＳＭ－５（二〇一三年）」によって改訂された診断名の日本語版表記に基づく障害名）を持っている人である。

高等学校支援を実践していると、勉強の嫌いな生徒の多い高校では、これまで何の支援も受けたことのない知的発達障害の生徒と稀ならず出会う。保護者の承諾を得、発達検査を実施し、療育手帳を取得してもらうこともある。これによって、初めて就労支援への道が開ける高校生は決して希少ではないのだ。

ただ、知的発達障害のある人は、たしかに学業不振の子どもたちの中核ではあるが、数の上からすれば少数派である。

境界線知能

知的発達障害の人より、数量的にかなり多いのが、境界線知能の人である。境界線知能とは、今まで知的発達障害の判定に用いられてきた知能指数で示せばＩＱ七一から八四の範囲に入る人たちである（前掲した診断手引きの改訂によって、知能指数は診断基準から外された）。これは、知的発達障害が「ある」とも「ない」ともいえない、まさに境界線（境界域）に入る人たちで、実は学校で最も苦労しているグループの一つである。

理論的に言えば、境界線知能の人たちは、中学校の勉強課題を無難なレベルで通過することができない。ただしこの人たちは、性格的な素直さと、最低限の社会性を身に付けていれば、一般就労は十分可能で、運転免許証も取得できる（すんなりとはいかないが）。

そして大切なのはここ。学校の勉強では相当な苦痛を強いられているのに、何の支援も受けていない人が圧倒的に多い。本当のことだからはっきり申し上げるが、境界線知能の人たちの学校での認知度は、神経発達障害群（従来の表記では発達障害。前掲した診断基準の改訂による）の人より明らかに低い。

もちろん、補習授業や個人的な指導の機会はあると思う。しかし、この人たちに通常の学力アップのやり方はなかなか通用しない。それではどうするのか、本書の中にそのアイデアはいろいろ出てくるが、例えば記憶課題は極力減らし、手続き課題を意図的に増やす。要するに、概念として記憶させるのではなく、例えば分数の割り算では「分子と分母をひっくり返す」という手続きを教える。

限局性学習障害

限局性学習障害（従来の表記では学習障害。前掲した診断基準の改訂による）の人たちも学校の勉強では非常な苦労を強いられる。知的には普通域にありながら、読み・書き・計算に神経発達障害群の制約が反映されるからである。一昔前までは、このことをなかなか理解できない（納得できない）教師が多かった。昨今かなり改善されてはきたが……。

知的発達障害の兆候は認められないのに、小学校低学年の段階で極度の学業不振に陥ってしまう子どもと遭遇したとき、わたしなら限局性学習障害の可能性を考えてみる。このひらめきを持たないと、この人たちは「怠けている」と誤解される代表選手になってしまう。しかも、その見立て違いは長期間続きやすい。

朗報を一つ。限局性学習障害については、その特異的な指先の不器用、視覚認知の制約、聴覚認知の制約などが、読み・書き・計算に及ぼす影響への研究が進んでいる。その結果、コンピュータソフトを含め、優れた教材が開発されるようになった。そうした教材は、このハンディキャップに悩む人はもちろん、その他の理由で学業不振に陥ってしまった人への支援にも役立っている。

さて、この限局性学習障害であるが、発症率からすれば境界線知能の人に比べて少数派である。また、次に述べる勉学習慣の獲得に失敗している児童生徒に比べるとさらに少数派になると思う。

勉学習慣

①小学校三年生

そもそも小学校の勉強というものは、子どもたちがシャカリキにならなくても、三年生くらいまではある程度の成績維持が可能なテンポで進んでいく。仮に小学校一〜二年生の段階で、学力に大きな落ち込みが起こってしまうような子どもがいれば、本章で触れているハンディキャップの有無を考慮に入れた実態把握が必要だと思う。

さて、学業不振を予防するために、あらかじめやっておくべき手立てがあるとすれば、小学校三年生くらいまでに、家へ帰ったら一定の時間、予習や復習をする、あるいは宿題をするという習慣、つまり勉学習慣を育てておくことだろう。

この習慣が身に付いていないと、小学校高学年の勉強は急にむずかしくなり、そのまま中学生になれば、その子の学業不振はさらに重篤化する可能性が高い。

②合併

ここで話を「ややこしくさせる」ものがある。それは勉学習慣の獲得に失敗している子どもたちの中にも、知的発達障害、境界線知能、限局性学習障害などの兆候を持っている子どもが含まれていることである。

なぜなら、これらの子どもは、生育環境とは全く別次元の要因、すなわち中枢神経系の制約をかかえている子どもだと考えられている。それに対して、ここで取り上げている勉学習慣というものは、明らかに出生後の育ちの過程で形成されるものである。つまり、勉学習慣の獲得に失敗している子どもの一部には、非環境要因と環境要因の同居が起こってしまう。しかもそれは、けっして希少例とはいえないようなのだ。

これは、子どもにとっても、指導者にとっても、とても複雑な状況だと思う。そして案の定というべきか、やっぱりというべきか、これはいろいろな誤解や混乱の原因になっている。しかもそれは、子どもの側ではなく、指導者の側で起こる。

学校巡回をしていると、「この生徒にはダブル・ハンディキャップがあるのではないでしょうか」という質問を受けることがある。つまり、神経発達障害群の影響と、家庭環境面での影響が合併しているのではないか、という問いであるが、そう考えていただけるなら素晴らしいと思う。

というのは、なぜか学校の先生方には「ニワトリが先かタマゴが先か」の論議に陥っている人の方が多い。つまり、元々神経発達障害群の兆候があったのか、家庭環境（例えば虐待など）によるものかという、ＡかＢかの二者択一論、あれである。

③ニワトリとタマゴ

百歩譲って、障害のある子どもと、障害のない子どもで、対処の仕方が異なるのであれば、二者択一にも意味があると思う。しかし先生方は、障害のある子であっても、障害のない子であっても、「おっ、今日は冴えているね」とか、「惜しいなあ」とか、「いま一歩」とか、「頼んだよ」とか、「サンキュー」とか、同じ言葉で「やり取り」を作っておられるではないか。この言葉こそが大切だと思う。

この本で取り上げる支援とは、眼鏡を用意したり、補聴器を用意したり、車椅子を用意したりする支援ではない。「対話を通して語りかけ、交流を通して支援する」ことである。

要は対話であるから、相手に伝わらなければ意味がない。仮に障害のある子どもがいたとする。そのときは、その子にわかる言葉で、「やり取り」を始める。そうすると面白いことが起こる。その「やり取り」は、障害のない子にも自然でわかりやすい「やり取り」になっていくのである。

たしかに、ニワトリかタマゴかを見分ける必要はあると思う。障害有無の議論も必要なときはある。しかし、どちらが先かの議論は必要ない。

ここで仮に、ニワトリの方にハンディキャップがあったとしよう。この本では、ハンディキャップのあるニワトリとの対話に主軸を置く。ところがこの「やり取り」はタマゴには（当たり前の）わかりやすいものなので、ニワトリもタマゴも、同一の課題に対処できる可能性が高まる。

やってはいけないことはただ一つ。タマゴにしかわからない言葉での対話を、ニワトリとの間で交わしてしまうことである。例えば、目的物を指差しながら「ソレをココへ持って来なさい」という指示。これはタマゴにはわかると思うが、ニワトリにはどうだろう。

ニワトリに指示を与えるときは、目的物を指差しながら「一番後ろの窓側の机の上に置いてあるプリントをわたしのところへ持って来なさい」と伝える。こう伝えれば、ニワトリにもタマゴにもよくわかる。これが本書で取り扱う支援である。

ここで、支援を受けたのはニワトリ、受けなかったのはタマゴだ。しかし、支援してもらったニワトリには「支援を受けた」という認識はなく、支援を受けなかったタマゴにも「支援を受けられなかった」という認識は生じない。したがってタマゴには、「ニワトリは支援されたが、自分は支援されなかった。先生がえこひいきをした」というゆがんだ認知は生じないはずだ。

当たり前のことだが、まったく同じ言葉を使って「子どもたちを包んでいる」からである。こうした交流は「インクルーシブ（包含的・一体的・共生的）」なのだと思う。要するに、だれにでも公平に利用でき、使用の自由度が高く、使用法が簡単ですぐわかり、必要な情報がすぐわかり、操作ミスの危険につながらず、無理のない姿勢で楽に使える、使いやすい空間が確保されるという、建築家ロナルド・メイスが提唱した「ユニバーサルデザイン」の原則を教育に置き換えていくこと。これは別の章でも繰り返し触れることになる。

特に、日本は二〇一四年一月二〇日「障害者権利条約」に批准したので、今後、障害のある人から何らかの支援を求める意思表明があれば、負担になり過ぎない範囲で社会的障壁を取り除くための必要な便宜（合理的配慮）を図ることが義務付けられている。その際のキーワードが「インクルージョン」であり、「ユニバーサルデザイン」ということになる。これらのキーワードは、今後ますます重視されることは確実であろう。さて、それはともかくとして、そろそろ学業不振のある人への支援を始めたくなった。

支援の実際

①学習性無力感

たとえ子どもに神経発達障害群の特性があったとしても、なかったとしても、わたしたちが出会う子どもは、「やってもうまくいかない」「やっても無駄だ」という、やる気を削がれた状態（学習性無気力／学習性無力感）である場合が圧倒的に多い。

仮に子どもが神経発達障害群の問題をかかえていたとしよう。そして、神経発達障害群（一次障害）の症状に起因する、学習課題へのつまずき（うまくいかない経験）が起こっていたとしよう。その結果、子どもの感情や行動に「ゆがみ」が生じたとしよう。そうすると、その「ゆがみ」は神経発達障害群の「二次障害」ということになる。

この二次的に派生した「ゆがみ」の修復を図るためには、後述する動機付け方略を用いる。そのやり方は、神経発達障害群に該当しない子どもに用いてもかまわない。ニワトリとタマゴのところで示したように、このやり方は、多くの子どもへ適用可能な汎用性を持つからである。

②保護者の同意

今まで述べてきたように、ほとんどの支援は学校の教室内で自然に実践できるものばかりである。まさに、先生方のお手並み拝見、学校巡回でそれを見せていただける機会はけっこうあって、わたしの仕事は楽しい。しかし、学校で行う支援には、一部に保護者の同意を必要とするものもある。ここで暗転、わたしは学校の先生方からの質問攻めに合ってしまう。

例えば、教室内に特別支援教育を必要とするＡくんがいる、しかし保護者の理解がなかなか得られない、そうしたときにはどうするのか、というものである。それは、保護者支援について述べる第九章の主題でもあるが、ここで少しだけ答えを予告しておこう。

要するに、子どもにとって必要な品物がそこにある。しかし保護者はその品物を買いたくないと思っている。そうした保護者にどうやって「買ってもいいかも」という気持ちになっていただくか、という設問である。

これは、高度な営業能力を問われるということ。そして教師には、意外なほど「営業に関するスキル」の必要性が伝わっていないこと。学ぶべきは営業マンのセンスであること。優秀な営業マンというものは、「対話力」を身に付けている人だということ。対話力とは、相手を言い負かす力ではなく（ましてだます力でもなく）、お互いが「話し合えて良かった」という気持ちになれる「話し合いのスキル」だということ、である。もしかするとこれは、武士の商法の現代版なのかも。学校の教師、というより、そもそも公務員には、男女を問わず良い意味でのサムライが多い。

ただ、現実は厳しい。そこまで配慮して働きかけても、保護者にわかってもらえないこともある。そうしたときは、例示したＡくんと教師の関係を、最高な状態へ持っていくための支援を行ってほしい。保護者との関係は、何といっても結果の良し悪しがものを言う。子どもと教師との善き関係を望まない保護者にわたしは出会ったことがない。

たしかに、「学校の先生は信用できない」とおっしゃる保護者には、わたしもいっぱい会ってきた。しかし、まさかその言葉を真に受けている先生はお見えではないと思う。極論であれば極論であるほど、言葉には綾がある。というより、対話によって綾が作りやすくなる。「信用できる青い鳥（先生）を探し求めておられる保護者」と対話してほしい。これが一つの答えのヒントになると思う（この話題、ここから先は第九章でお会いしよう）。

③実態把握

ここでいう実態把握とは、子どもが、どこで、どのような行き詰まり方をしているのか。基礎学力の「背景にあるもの」を明らかにする作業である。少々理屈っぽくなることをお許し願いたい。

例えば、指先の不器用の関与はどうか。指先の力の入れ加減に硬直はないか。鉛筆で引く線（運筆）は自在に操れるか。

情報処理機能の特徴はどうか。必要な場所に必要な時間注意を集中できるか。それは視覚的・聴覚的な情報処理に反映されているか。思考の柔軟性は語彙・語用・語順の理解に反映されているか。記憶様式に不自然さはないか。記憶保持力や記憶容量はどの程度か。

みゃ・みゅ・みょ・ちゃ・ちゅ・ちょ、などの音節を受容（聞き分け）・表出（再生）できるか。左右弁別はできるか。仮に左右弁別の不都合があればどんな課題が与えられたときに、どんな場所で起こるか。

なんだか小むずかしく聞こえたかもしれないが、これらの大半は日々の行動観察と産物記録（いままで子どもが書いたり計算したりしたテスト結果やノート類、成績評価の記録など）から推定可能である。もし発達検査を実施できれば、産物記録の裏付けが得られやすくなる。

これを担任の先生が一人でやる必要はない。例えば、特別支援教育コーディネーターはどの学校にもいらっしゃる。ケース会議を開いて、スクールカウンセラーやスクールソーシャルワーカーの意見も聞いてほしい。わたしたちのような専門家チームの活用だってある。支援は特定の教師の個人的努力に依存するものではなく、学校内のシステムだと、どの本にも書いてある。

こうした実態把握も得られていない状況で、学業不振のある子どもに勉強への再挑戦を試みることなど、暗闇に向かって銃を乱射するような「無謀な行為」だと思う。なぜかといえば、学習性無力感（やる気を削がれた状態）のある人に、やる気を削いだ元凶（勉強）で働きかけようしているのである。その子どもの、学力のベースライン（わかっているところ）から支援すべきであって、わかっていないところから出発すれば、五分後には行き詰まりが待っている。繰り返すが、わかっていないところから出発するのは、学力アップのやり方だ。

それでは、一桁の加減算ならできるが、それ以上は怪しくなる中学校一年生のＡくんに、どうやって中学校の数学に取り組ませるか。一つのやり方を示す。

④再挑戦

学力を高めるやり方の王道は積み上げ方式である。児童生徒の学力に合わせたステップの高さと、特定の目標に到達するまでの手順の組み立て、これが教師に求められる課題になる。これに対して、動機付けるやり方は、生徒が「やってもいいかも」と思うようなパフォーマンスの組み立てである。

最初にお断りしておくが、このやり方では学力は高まらない。やろうとしていることが違うからである。ただし、やる気をなくしている児童生徒が、もう一度勉強を振り返る可能性を高めることはできると思う。ともかく、もう一度勉強へ振り向けなければ、次に続く学力アップのドアなどノックできるはずもない。

そこでまず考えるべきは教材である。

たとえ小学校の学力が身に付いていない生徒であっても、中学生や高校生に「楽しい小学生のドリル」などを持ち出してはいけない。小学校高学年の子どもに低学年のドリルも同じだ。あの子らにもプライドがある。そんな教材はやる気を高めるのではなく、やる気を失わせる方向で役に立つものだ。やはり中学生は中学校の、高校生は高等学校の教科書を用いるべきである。

その教え方は、国語でも、英語でも、数学でも、理科でも、社会でも同じこと。まずは第一章の最初の一ページ目に出てくることを教える。

これを、一桁の加減算以外は怪しい、Aくんの数学で説明してみよう。例えば、中学校の一年生、最初に出てくるのは正負の数である。ここでプラスとマイナスの概念が出てくるが、それだけ教えると、次に出てくる計算問題は一桁の足し算と引き算である。小学校の分数や少数、一万とか十万の桁数が多い計算問題に比べたら、難易度は格段に低い。ここでその日の数学の勉強はおしまい。

翌日は、正負の数はもう卒業した。教科書の次の章に進む。ここで文字式が出てくる。あのXとかYである。これだけ教えると、次に出てくるのはやはり一桁の足し算と引き算だ。その計算問題を少しだけやって、その日の数学の勉強はおしまい。

翌日は、もう文字式は卒業、いきなり方程式へ入っていく。ここで方程式の解き方を教えると、次に出てくるのはやはり一桁の足し算と引き算なのだ。何問か計算問題を解かせてその日の数学はおしまい。これが一桁の加減算が計算力のベースラインであるＡくんへの数学（算数？）再挑戦である。基本は、子どもがもう少しやりたいと思っているところでやめてしまうこと。だから動機付けになる。他の教科へ適用する場合にも、同じことを、国語でも、英語でも、理科でも社会でも行う。教科書の各章の最初の一ページ、つまり玄関先しか見せていない。だから、わたしはこのやり方を、「玄関先しか見せない勉強法」と呼んできた。

⑤達成感

生徒の学力を高めるためには、玄関先だけでなく、次の間も、次の間も、家の間取り全体を見せていく必要がある。また、教師にも、次の間を見せたい欲求がある。しかし、これだけは覚えておいてほしい。学業不振のある子どもにとって、次の間は伏魔殿だということを。その次の間は地獄の入り口かもしれない。

するとここでやったことは、単なるパフォーマンスなのか。わたしは違うと思う。このパフォーマンスは、「できた！」という達成感で終わる。学業不振の子どもは、勉強を「できた！」という達成感で終われなかった子どもたちである。

⑥時間

このやり方だと、一回の学習に要する時間は、せいぜい一五分から二〇分だと思う。学業不振のある子どもの勉強への集中可能な時間はこの程度である。しかも既述のとおり、子どもの方が「もう少しやりたい」と思うくらいの問題数でやめておく。これも極意の一つである。指導者が「今日は十分やった」と思う問題数は空前絶後のやり過ぎだ。

⑦まるまる一冊

しかも、毎日目先が変わっている。今日は正負の数、明日は文字式という具合だ。新規な刺激は子どもの好奇心を刺激する。そして最も大切なのがここ。このやり方は正負の数だけを対象にしていない。大げさな言い方をすれば、学習指導要領に則って、中学校一年生の数学に出てくる課題はもらさず取り扱っている。ともかく、教科書全部に目を通した達成感を軽く見ない方がよい。学業不振のある子どもは、一冊の教科書を最初から最後まで目を通したことなど、一度もなかった子どもだと思うからである。これは、もしかすると一生の思い出になるかもしれない。

⑧読書

これは、読書法（読書術）と似ている。一冊の本を子どもに読ませるときには、まず目次をすべてノートに写させる。それから読んでいくようにする。子どもはその本を途中で投げ出すかもしれない。しかし、その本に何が書いてあるのかを勉強をした記憶は残る。これは読破できずに、何も残らないまま終わるよりうんとましだと思う。このやり方を、わたしは少年鑑別所に入ってくる子どもの読書課題で活用した。「文字だけで書かれた本を、生まれて初めて最後まで読んだ」と（本当は読んでいなくても）自慢げに語った子どもが何と多かったことか。

⑨練習

テストの受け方を練習させてほしい。中学生になると問題欄と解答欄が別になったことで挫折する生徒がけっこういる。問題欄と解答欄の使い方を練習させたい。

それから、確認テストや小テストの段階では、漢字の読み方を答えさせる問題は別にして、問題欄に出てくる漢字にはぜひ「ふりがな」を。

漢字が読めないから問題に答えられない子どもは意外に多い。しかし、期末テストなどで「ふりがな」を外すのは致し方ないのかもしれない（本当は外してほしくないのだが）。

そうすると不思議や不思議、確認テストや小テストで「ふりがな」付きの問題を与えたクラスは、それをしなかったクラスより、本番での点数が高くなるかもしれない。わたしは、支援には動機付けだけではなく、学力を高める練習効果もあると思っている。

第六章

不登校

不登校は、日本の学校にとって、古くて新しい課題である。ともかく、この現象は高度成長期と呼ばれた昭和の時代から注目され始め、現在に至るまで一向に収束の気配を見せない。既に半世紀に及び、しかも衰えの兆しすら見せないこの課題、これを「古くて新しい課題」と呼ばずして何と呼ぶべきか。わたしには、他に適当な言葉を見いだせない。本章で扱うのは「それ」である。

光と影

不登校には光と影がある。

例えば、不登校の子は「(学校へ) 行きたくなければ行かなくてもよい」と言われた時期がある。実はわたしもそう思っていた。しかしそれは、学校以外に行き場所があってのことだ。ところが日本という国は、学校以外の子どもたちの行き場所を見事なまでに消去してしまった国である。

それを何とかしようと、フリースクールなど、学校以外の行き場所作りに精を出した人もいる。しかし、努力を重ねてきた(いる)人には申し訳ないが、学校ほど「多くの子どもを扱う機能を持ち」かつ「信頼性が担保された」行き場所などあるのだろうか。無理からぬことだと思う。これは国が総力を挙げて政策的に取り組むべき課題なのだ。「行きたくなければ行かなくてもよい」の悲劇はそこから始まった。

行き場所もないのに唱えられたこの言葉は空念仏になった。いや、空念仏ならまだよかった。本来なら光が当たるべきこの言葉は、「ひきこもり」という影をわたしたちに残すことで結実したのである。

不登校対応には諸刃の剣の危なさがある。例えばここでわたしは「行き場所」と書いてきた。「居場所」とは書いていない。不登校対応には動きが必要だと思うからだ。なるほど居場所という言葉は悪いものではない。しかし、居場所を不登校の人に与えると、そこは出口のない「休憩所」になってしまいやすい。休憩することでエネルギーを備給し、「さあ十分休んだ」と動き始めることのできる人は、最初から不登校にはならない。これが居場所の光と影である。もちろん「行き場所」という光にも影がある。苦しみの連鎖という地獄にだけは行かせたくない。まかり間違うとこれが行き場所の影になりかねないのである。

もう一言。わたしは天下国家を論じる器ではない。だから現状の「学校しかない」状態に光を当てる。はっきり言えばここでの不登校対応は学校寄りである。学校の先生方に元気になっていただきたい。それが多分学校の影の部分を少なくするのに役立つ。これならわたしの器にハマりそうだ。もちろん、このやり方にも影はできる。それを承知の上で、学校の先生に光を当てようと思う。この本は学校へのエールなのだから。

出世魚

この半世紀の間、わたしたちは不登校の本質にどこまで近付けたのだろう。その「すう勢」の意味するものは何か。わたしたちは、そこから何をつかんだのか。学校の教師も、保護者も、専門家も、何とかしたいと取り組んできた。しかし、今日もまた新たな不登校の生徒がわたしたちのもとを訪れる。

不登校理解には、いろいろな考え方があってもよいと思う。しかし、そうしたさまざまな不登校論を語ることは、おそらくわたしの守備領域ではない。わたしは実務家であって、不登校学者ではないのだ。したがって、ここでは不登校対応の実務について、わたしたちがなすべきことをこそ語りたい。とはいえ、何の枠組みもないところで、不登校を論じるのも無謀だと思う。そこで、まずはわたしの不登校対応における基本的な考え方を示しておきたい。

前段で少し書き始めたように、この問題には半世紀の歴史がある。その中で、不登校はいろいろな角度から論じられてきた。これほどの大問題である。医学の視点、心理学の視点、教育学の視点、社会学の視点など、学際的な議論はあって然るべきだろう。なにしろ、学校恐怖症と呼ばれ、登校拒否と呼ばれ、自分探しと呼ばれ、ついにはだれでも不登校になり得ると呼ばれてきたのだ。しかし、不登校は一向に収束の兆しを見せない。まるで出世魚のように。

誤解しないでほしい。これは傍観者としての皮肉ではない。出世魚の比喩こそが、不登校の本質だとわたしは考えてきたからだ。ここまで書けば、もう詳しい説明はいらないと思う。出世魚の名前（呼び方）はどんどん変わる。しかし、出世魚と呼ばれる魚は全く変わっていない。当の魚は、周囲の大騒ぎをよそに、われ関せず、魚なのである。ブリはブリなのだ。わたしたちは、こうありたい、こうあるべきだ、という主張を横に置き、本当にブリをブリとして見つめてきたのか。

半世紀以上にわたって、不登校論議を交わしてこられた専門家には申し訳ない限りだが、「この五〇年以上、不登校の本質は寸分たりとも変わっていない。今まで交わされてきた不登校論議はとても高邁で、人間性に満ちたものだとは思う。しかし、どうも不登校の本質にヒットしていない。だから不登校は減るはずがない」というのがわたしの持論である。

後からのこのこ出てきて、ひどいことを言うなあ、と怒らないでほしい。白状するとわたしは団塊の世代だ。いわば不登校の人たちの推移との同居人である。そうした背景をもって言うのだから、これも年の功だと思って、わたしの話を聞いてほしい。

リスク

不登校のリスクファクターに関する研究の厚みはすごい。

リスクというものは原因ではない。危険要因のことである。そのリスクがあるから不登校が起こるのではなく、不登校を起こしやすくする「なにものか」をリスクと呼ぶ。そして、このリスクの数は研究者の数だけあると言ってもよい。不登校の子どもと会っていると、いろいろなリスクが目に付いてしまうので、それは無理からぬことだと思う。

とはいえ、複数のリスクを並べ立て、状況を複雑化させるのは本意ではない。そこで、ここではわたしが特に重要だと思うリスクを三つだけ紹介する。

なぜ三つなのか。きりがよいからである。三大温泉とか三大名物とかいうではないか。もっとも三大〇〇ときたら、「怪しいと思え」と主張する人もいる。実はわたしもその一人だ。それはともかく、三は集約しやすい数であり、整理法として決して怪しいものではない。というより三は集約的集合を象徴する数でもある。わたしの永遠の師フロイト先生も「小箱選びのモティーフ（三つの小箱選びや三姉妹に関するシェークスピアとギリシャ神話を用いた謎解き）」という美しい小論文を書き残している。三大○○は、具体物を超え、象徴の世界へとわたしたちを誘う。

さて、わたしのいう三大リスクとは、一に「学業不振」、二に「対人トラブル」、三に「こだわり」である。この他にも、生活習慣獲得不全（早い話が早寝早起き習慣の獲得不全）、不定愁訴（いろいろな身体不調感を神経質に訴える）、起立性調節障害（寝起きの悪さ、立ちくらみ、倦怠感、夜眠くならないなど、多彩な神経性の症状を示す）などなど、ご名答と言いたくなるようなリスクはいっぱいあるが、本書では論旨を明確にするため、他のリスクは控えの間に入っていただくことにした。

そこで、わたしのいう三大リスクである。リスク一つだけなら大丈夫だと思う。ところが合併すると、急に不登校の危険性を高めてしまう。とはいえ、仮に一つだけでも危ないものを挙げてみろと言われたら、おそらく三つめの「こだわり」だろう。

①こだわり

勉強の成績は良く、友だち関係もさして悪そうには見えないのに、「自分には嫌な人がいる（ことに決めた）」とこだわってしまう不登校生徒にときどき出会う。これが「こだわり」の現れ方である。教師は不思議に思い、専門家は隠されたトラウマを疑う。しかし、「こだわり」のメカニズムを知ると不登校の秘密がいろいろ見えてくる。逆に、学業不振と対人トラブルを合併していても、「こだわり」の弱い生徒は支援や指導に乗ってきやすい。

こう書くと「こだわり」は悪人になってしまう。しかし「こだわり」が福の神になっている生徒もいる。不登校リスク満載状態でも、「学校へは行くものだ」という「こだわり」の強い生徒は、不思議なほど不登校にはならない。これを読んでうなずいておられる教師は多いと思う。いずれにしても「こだわり」のメカニズムを知ることは、不登校対応では不可避だと思う。だから後に詳述する。

②学業不振

さて、順序が逆になったが、三大リスクの一つ学業不振は既に前章で述べた。そもそも学業不振は自尊心の低下を招く。そして学業不振であることも、その結果として起こる自尊心の低下も、子どもの学校生活への積極性や能動性を阻害する。換言すれば学校生活への参加意欲の低下を招く。これは明確な不登校リスクになる。ここで断言しておく。学業不振対応は最も優れた不登校対応の一つであることに間違いない。

③対人トラブル

もう一つのリスク、対人トラブル。これも子どもの学校生活への参加意欲を阻害する要因であり、不登校リスクとなる。ただし、リスクとしての対人トラブルには、もっと深刻な問題が隠れている。

つまりこういうことである。対人トラブルはたしかに不登校リスクだが、それは不登校の「きっかけ」ではあっても、「原因」ではないことの方が多い。これも後述するところだが、指導者の目には、対人トラブルはあたかも不登校の「原因」であるかのように映る。そこで見立て違いが起こりやすくなる。不登校が長期化している場合、先に述べたこだわり対応のまずさか、ここで述べている見立て違いが絡んでいることが非常に多い。そうでもなければ、精神疾患の見落としである。いずれもご用心ご用心なのだ。

見立て違い

不登校理解の要点は、既に本書の中でいくつか示してきた。特に第三章など不登校原因のかたまりのようにわたしには思える。すなわち、友だち、一番、いいかげん、矛盾など、わたしたちが、何となく乗り越えてきた課題に不登校の人はつまずきやすい。そして、どうも不登校の人は、第二章「支援」で述べた「困っていない人」の仲間のようだ。これら原因群とでも呼べる課題の解消を図ること、それこそが不登校対応である。

そこでまとめておこう。不登校の人は元々自信がなかったり、被害感が強かったり、不信感が強かったりする人ではない。そのかわり、コミュニケーションの力に課題をかかえている人が多い。それは、相手の考えていることを想像する力が弱いということである。だから、相手とのやり取りが苦手なのだ。

そうすると、被害感や不信感が強くなくても、クラスメイトの一人と意見が合わなくなった場面で、相手の立場とか思いを理解できず、相手の言動に対して寛容になりにくくなる。思いがけず教師から評価されなかったり、友だちから注目されなかったりした場面でも同じことが起こる。

そうした状況は、だれにとっても不快なものであるが、不登校になるような人は、相手との対人関係を通した解決が図りにくい。だから、わたしたちでも経験するあの「嫌な感じ」がずるずる長引きやすい。長引けばその経験はゆがみの元になる。

不登校の子どもに自信欠如や被害感、不信感の強さがあるとすれば、それは原因というより結果的な「ゆがみ」である場合がほとんどである。

そして、コミュニケーション不調の背景にあるものには、おそらく第二章で述べたメタ認知の不調が絡んでいる。こうしたことは、いずれもわたしたちへの警鐘になると思う。

わたしたちは、既述の対人トラブルと同じように、自信欠如や被害感、不信感、ひいては情緒不安定を不登校の原因と見立てやすくなるのだ。まあ、そもそも人情とはそういうものなので、わたしはそのこと自体はとやかく言わない。

しかし、これだけは言わせてほしい。自信欠如、被害感、不信感、ひいては情緒不安定、それを改善することを目標に取り組む、それには意味があると思う。しかし、情緒的な問題が改善することで、不登校も改善すると期待するのは、はっきり言わせてもらえば虫がよすぎる。

さて、そろそろ概括的な話はやめにして、実務である不登校対応をしたくなった。ここから、わたしが今までやってきたこと、今もやっていること、今後もやっていこうとしていることを述べていく。使えるところを使っていただければありがたい。

不登校対応

①基本手続き

不登校のある人への支援は計画的に進める。まずは短期目標と長期目標を設ける。この話を始めると、「あの面倒くさい個別の○○計画か」と二の足を踏む先生が出てくる。ちょっと待っていただきたい。そういう先生には誤解がある。

支援計画というものは、新しいものを作る作業ではない。目の前にあるゴチャゴチャしたものを整理して、支援しやすくするための作業である。

今から述べるように、それは複雑なものではない。そもそも教育とか支援というものは、思い付きでやるものではない。計画的にやるものである。やってうまくいかなければ変更すればよい。プラン・ドゥ・シーだ。

どれくらいやって変更を検討するのか。わたしの場合は二~三週間。これくらいやってもうまくいかなければ、計画にピント外れがあるか、計画のステップが高すぎるかのどちらかである。効果もない方法をずるずる続けること、それをわたしは罪と呼ぶ。これは不登校対応に限った話ではない。

さて、短期目標と長期目標の立て方である。その答えは既に第二章でほのめかした。短期目標は利害一致を起こしやすい課題。長期目標は、今は起こっていないが、その短期目標を積み重ねることで、一~二か月後には利害一致を起こせそうな課題である。

ケース会議の場でブレインストーミングを行うと、だいたい三〇分以内で第一次支援計画は完成する。時間を使うといってもこの程度である。

さらに、この計画があるのとないのとで、支援に要する時間がまるで違ってくる。支援計画は省エネのための手続きでもある。ここで断言しておく。事務手続きに時間を取られるのは本末転倒だ。実務の醍醐味は省エネ化が握っている。

②対話

わたしの支援の主体は対話である。うまくいっていないところや、改善を要するところではなく、本人が納得できるところを足掛かりにする。感情ではなく理性に訴える。本人が気づきやすいようにサインを出す。意見が違ったときはそれを楽しめる雰囲気を作る（うん、それもおもしろいじゃない）。相手の意見を明確にしていく（それはこういうことだね）。勿体づける（こんな話はきみにしかしないのだけど）。相手がわかっていなくてもわかっているように扱う（あなたもよくわかっているように）。質問するときは持ち上げる（ぼくはわからないので教えてほしいのだけど）。お互いがワクワクできる時間を大切にする。楽しい雰囲気でその日のセッションが終わるように配慮する。変容させるという発想は持たない。見込みもないのに待つという発想は持たない。「こだわり」の強い人の「こだわり」にはこだわらない（こだわり対応は別項で詳述する）。

いずれも順不同である。しかし、これだけ羅列されると何のことかわからないと思うので事例を示す。

③事例

ぎょうせいから出た最初の本（『発達障害児の思春期と二次障害予防のシナリオ』二〇一〇年）にこんなケースが出てくる。この事例は「こだわり」の強い人への対処法としても参考になると思う。わたしの対話の雰囲気が伝わるとよいのだが……。

勉強のできていた中学生が、急に「勉強には意味がない」と言い始め、「学校へは行かない」ことに決めてしまった。一年くらい行ったり行かなかったりの状態が続き、意を決した教師と保護者がわたしのところへ彼を連れてきた。少し話し合ってみた。非常に歴史に詳しいことがわかった（なぜか鎌倉時代だけだが）。これは脈があると思った。「ぼくも歴史は好きだが、きみはかなりいけそうなので、歴史の話に来ないか」と誘った。それから毎週歴史談義が始まった。歴史上の人物の名前にやたら詳しい。それも鎌倉時代だけ。この鎌倉殿の御家人○○の家来の△△という武士は武蔵国分倍河原の合戦で流れ矢に当たって死んだとか。「そんなこと知るかいや」と思ったが、「きみの歴史の話は楽しいよ」と伝えた。皮肉の部分は全然伝わらず、素直に喜んでくれた。そこで「きみのような子は大好きだよ」と本心から伝えた。少しずつ「歴史でご飯を食べている人もいる」という話をした。そうしたら、有名大学の歴史学部のリストを持ってきて、ここへ入るためにはこの高校だとか言い始めた。高校へ入るためには中学校を休まない方がいいらしいと言い始め、その理由をとうとうと説明して中学校へ通い始めた。その後、けっこうな難関校と呼ばれる高校へ進学した。おわかりだろうか、勉強とは一言も言わずに勉強と付き合い、進学を動機付け、進路指導らしきことも行っている。わたしは「勉強や学校には意味がない」という本人の「こだわり」には一切こだわっていない。

このケースには前掲書に書かなかったことがある。毎月一〜二回、教育センターへも通っているというのである。通常、同じ相談事項で複数の相談機関へ同時に係属することは避けるべきである。しかし聞いてみると、本人が自分の意思で出かけているようだし、受容的な面接のようだったので、まあいいかと思った。月一回程度の受容的な面接は、本人の納得（予定どおりに通ってあげた）を満たすことはあるが、一般的に不登校には良くも悪くも影響しないからである。

それでも一度聞いてみたことがあった。「教育センターでは何をしているの」と。「別に」が答えだった。「別にくらいでどうして通うの」と一歩突っ込んだ。彼は少し考えてから答えた。「ぼくが行くと先生が喜ぶから」と。わたしは「素晴らしい」と応じた。本当は、「きみは、すごい人助けをしているね」と伝えたかったのだが、この生徒はおしゃべりで、教育センターの先生に喜んで全部バラしそうだったので言うのは止めた。

さらに後日談を一つ。かなりたってから、大学で歴史を専攻したと聞いた。すごーい（！）教授もびっくりする「鎌倉時代」の論文を書きそうだと思った。ところが、歴史は歴史でも、専攻はドイツの近代史らしい。仰天はしなかった。よくあることだから。

さて、高校の不登校事例で、担当者が一年も二年も待ったことがある。結局その生徒は出席日数不足で高校を中途退学。家にひきこもった。担当者は「不登校にはこの子なりの意味があったのです」とおっしゃった。保護者も、「この子には無理をさせたくない」とおっしゃっていたようだ。わたしはその担当者に「そうですか。たいへんだったですね」と応じた。担当者は「ありがとうございます」とおっしゃっていた。でも、わたしならこういう待ち方はしない。

＊詳しくは前掲書の事例を参照願いたい。

④こだわり対応

不登校対応が長期化している場合には、指導者がこだわり対応に失敗しているか、精神疾患に気付いていないか、見立て違いがあるか、そのどれかである場合が多い（見立て違いは既に述べた）。このうち、特にこだわり対応の失敗は長期化事例の多くに認められるので、まずは「こだわり対応」について述べ、次に「精神疾患」について述べる。

さて、「こだわり」は指導困難な状態を作ってしまう最強要因だと思う。ともかく否定的なのだ。「学校には意味がない」「先生は信用できない」「どうせ自分は何をやってもダメだ」「何もしてほしくない」「みんな相手が悪い」「あいつに復讐してやる」などである。中学生の場合には、「高校へ入ったら登校するので放っておいてほしい」という、教師を非常に心配させる決め付けもある。

こうしたこだわり（決め付け）は、指導者をイライラさせやすい。というのは、こだわっている人の言辞は、「こだわる」ことに意味があるのであって、肝心の「こだわる」理由については、いくら質問しても、われわれの納得できる説明が返ってこないことが多い。たとえ説明が返ってきても、「それがどうした」という程度のものばかりなのである。そうすると何が起こるのか。

われわれは、生徒の自己主張（訴え）に十分な理由があるのなら、その声に耳を傾けることができる。しかし、十分な理由もないのに、自己主張への固執ばかりが強いと、われわれは生徒のことを心配する前に、その訴えによってイライラさせられてしまう。かといって、ここで反論でもしようものなら、生徒はますます自分の自己主張（こだわり）にしがみ付き、指導者は下手をすると感情的になってしまう。これではミイラ取りがミイラの寓話そのものである。

したがって、こだわり対応の基本は、指導者が生徒の「こだわり」を、意味あるものとして受け止め過ぎないことにある。生徒の言葉に指導者がこだわればこだわるほど、生徒も指導者も生徒の「こだわり」に縛り付けられ、身動きが取れなくなってしまうからである。

かといって、指導者が生徒の「こだわり」をあからさまに無視することも、生徒の「こだわり」に対する指導者の「こだわり」の反映になってしまう。押しても引いてもダメなのだ。

これは、大変ややこしいメカニズムである。先生方はよく「まるで禅問答をしているみたいだ」とおっしゃるが、まさにそのとおりである。さて、どうしたものか。

そこで、わたしは、反論でも受容でもない、いわば第三の方法として、肯定的に的を外すやり方をお勧めしている。第一章の「人を殺してみたかった」という言葉に用いたのと同じやり方である。

例えば、「何もしてほしくない」という決め付けには、「そっとしておいてほしいのですね」とか「干渉されたくないのですね」ではなく、「自分の意見をはっきり言うのは大切なことだよ」とフィードバックする。

前二者は受容的な聞き方だが、「こだわり」そのものを肯定しており、結果的に指導者も生徒の「こだわり」にこだわってしまう状況を作っている。後者は受容のように、「こだわり」自体は肯定していない。しかし生徒が自己主張できたという事実を褒めることで「的」を外している。

「的」は外しているが、肯定的な表現を用いているので、生徒の感情を害することはほとんどない。これがこだわり対応に用いる言葉のやり取り（言語的媒介）である。

例えば、「あいつに復讐してやる」と決め付けている場合には、「そこまで腹を立てているのですね」という寄り添いではなく、まだ復讐はしていないのだから、「そこまで腹が立っても我慢しているきみはすごいよ」とフィードバックする。これは我慢していない生徒に用いてもかまわない。これに対して「相手の立場も考えてみなさい」という反論は、かえって生徒を「こだわり」に固執させるので用いない方がよい。

いずれにしても、「こだわり」を否定しても「こだわり」は緩和しない。また、「こだわり」を是正したいとか、こだわる傾向を変容させたいという指導は大抵失敗する。なぜなら、元々こだわりやすい生徒への指導だからである。こだわりやすい傾向を否定せず、「こだわり」の内容を役に立つ「こだわり」に変えていく、こうしたやり方がこだわり対応にはよく似合う。

⑤精神障害

さて、不登校が長期化してしまう理由には、指導者による精神疾患の見落としが関与することもある。一番多いのがうつ病の見落としだが、ときには統合失調症の見落としもある。特に完全不登校で、家庭へひきこもり、教師が家庭訪問しても面談すら拒絶するような事例は、医療との連携が不可欠だと思う。

特に、生徒自身が自らの病に気付けないとか、自らの病に目を向けることを頑強に拒絶するような症状（病識の欠如と呼ばれる症状）を示している場合、それを子どもの言いなりに放置したため、長期間の医療ネグレクトが起こってしまった事例にもけっこう出会ってきた。

なお、前項で述べた「こだわり」も、あまりに重篤な場合は要注意である。「強度のこだわり」と見るか、強迫性障害と見るかは裏表の関係にある。

不登校対応の主要な論点は以上であるが、この章の最後に、「自分探し」というロマンチックな言葉に一つの答えを与え、次章へと移りたい。

自分探しへの答え

学校に適応することは、あたかも人間関係を増やすことのように誤解されている。第三章で紹介したあの歌、「ともだちひゃくにんできるかな」のように。わたしたちは人間関係を増やし続けてきたのだろうか。その答えは「ノー」である。

わたしたちは、気の合う人と気の合わない人を、ちゃんと見分けてきたではないか。その結果、気の合わない人と一緒にいる時間は自然に短くなったのではないか。気の合わない人と顔を合わせてしまったときには、無視すると話がややこしくなるから、「おはよう」の挨拶くらいにしてきたではないか。こうしたわたしたちの行動は、人間関係を増やしているのではなく、実は減らしている点に注意してほしい。

そもそも社会適応とはそういうものだ。友だちを作るということは、不特定多数の人間関係を減らすことである。意識的に減らしているのではない。友だちとの接触回数や接触時間が増えれば、その他大勢とのそれは、自然に減る（というより、減らざるを得ない）。自然の摂理、何かが増えれば何かが減るのだ。

同じような理由で、特定の高校へ進学するということも、特定の職場へ就職するということも、それ以外の人間関係を減らす（というより削る）ことになる。しかし、そのことをわたしたちはあまり気にしていない。捨てることで身軽になって、新たな可能性へのフットワークを軽くする。われわれはみんなやってきたことだ。

もっとわかりやすい例を挙げよう。恋人を作るということ、それは異性との人間関係を思い切って減らすことである。結婚するということ、それは異性との人間関係を絶望的なまでに減らすことなのだ。

こうしたことが、自己同一性（自分らしさの確立）のプロセスで起こっている。自己同一性とは増やすことではなく、減らすことによって確立される。増やし続けると何が起こるのか。言わずと知れたこと。自己同一性の拡散が起こってしまう。そして不登校のある生徒は、だいたいにおいてここに課題をかかえている。

ここまでわかれば不登校対応の本質が見えてくる。それは「不登校以外の方法で人間関係を堂々と減らす練習」だと思う。わたしたちも（何となく）やってきたこと、それが不登校になる人を苦しめている。この点は十分わかっておく必要があると思う。

ひところ、不登校のある人に「自分探し」というロマンチックな表現がさかんに用いられた。それへの答えをここに書いておこう。「自分探し」とは探すことではない。減らすことなのだ。

第七章
暴言・暴力・いじめ・非行

暴言、暴力、いじめ、非行、これらの加害行為は、いずれも相手の人格を否定し、一歩間違えば人権侵害になりかねないものである。したがって、本章ではこれらを、同一のカテゴリーとして取り扱う。

本当のことを言うと、この章で触れる事項は、あまり気分のよいものではない。書いても書いてもすっきりせず、不快感が募ってくるようなものばかりである。興味深いのは、それがこの章の主役たちの内的体験とよく似ていることであろうか。

加害行為を振るう人は、それによって、決してすっきりするものではない。それどころか、やればやるほど苛立ちが募り、満足に到達することはできないのだ。だから、晴れない気分を、さらなる加害行為によって晴らそうとする。これは薬物依存の構造とそっくりである。そうした「いやな世界」、それが本章である。

さて、本章は本書の中で特別な一章を構成している。

まず、被害者、加害者、あるいは故意（わざとする）という、他の章には登場しない概念を取り扱う。

また、言葉の用法も他の章とは異なる。本書は支援書であるが、本章に限って支援という言葉は控えめになる。

例えば被害者支援とは言うが、加害者支援とは言わない。非行少年への支援という表現は、被害者の心情や、社会の納得を考えると、用いない方がよいという考え方の人もいる。この領域では支援という表現は用いず、指導とか介入を用いるべきだと主張する人もいる。

ともかく、この章で取り扱う事項には微妙な要素が含まれている。そこで、まずは本章の出発点になる「加害行為」という言葉について整理する。続いて、暴言、暴力、いじめ、非行、それらを同一カテゴリーとして理解する上で、重要なキーワードになる「故意」という言葉について整理する。

ともかく、本章の執筆にあたっては、従来の少年非行論や非行の解説書とは一線を画すことを意識した。もしかすると、本章は「私論」とか「覚え書き」とすべきかとも思った。しかしながら、数多くの非行少年がわたしに教えてくれたのは、こういうことだった。そのことのみを語ってみたところ、こんな章が出来上がった。

加害行為

暴言にも、暴力にも、いじめにも、非行にも、加害者と被害者がいる。ところが、加害を加えた子どもや青年、ときにはその保護者などが、被害を受けた子どもや青年に、思いがけない「しっぺ返し」をすることがある。

つまり、「あの子が、あんなことを言ったり、やったりしなかったら、こんなことにはならなかった」「責任の一端はあの子にもある」「あの子にも謝罪させるべきだ」と。こうしたお門違いな反論への対応に苦慮されている学校の教師は非常に多い。

まあ、売り言葉に買い言葉の喧嘩であれば、この「しっぺ返し」にも意味があるのかもしれない。わたしも、喧嘩両成敗が成立するのであれば納得するだろう。ただ、ここでは対等の喧嘩ではなく、一方的な加害行為を問題にしている。それをわかりやすくするため、加害を加えた子どもを××、被害を受けた子どもを○○として説明する。

たしかに、加害行為のきっかけを○○が作ってしまうことはある。例えば班活動に協力しない××に○○が苦情を言った。例えば××がしようとしたことに○○が反対し、みんなも○○の意見に従った。例えば××がクラスメイトと話しているところへ○○が割り込んだ（と××には思えた）。そうしたことに××が興奮して、「殺してやる」と暴言を吐き、○○に殴り掛かった。これはどう考えても対等の喧嘩ではないと思う。

さて、教師が××やその保護者などが差し挟んだ苦情への対応に苦慮する場面があれば、ぜひ次のように問い掛けてほしい。

「○○くんに何らかの落ち度があったとしても、××くんは、○○くんに暴言を吐き、暴力を振るうことは許されるのでしょうか」と。

その答えは明確にノーである。

日本は法治国家であることを云々するまでもない。いかなる理由があろうとも、犯罪的な仕打ちは許されないはずだ。これは、暴力を振るった人が子どもであっても、大人であっても同じこと。いかなる理由があろうとも他者への犯罪行為に及んだ人は、その瞬間から立派な加害者なのである。

教師であろうと、だれであろうと、加害行為のあった人、あるいはその周囲の人から、○○への責任転嫁の言葉が出てきたときには明言してほしい。「いまは○○くんのことは問題にしていません」「加害行為の理由も問題にしていません」「加害行為があったという事実を問題にしています」「理由があればこの行為は許されるのでしょうか」と。

もし加害者側から再度、「しかし、○○くんがあんなことを言わなければ……」という反論があれば、ここでも「だからといって、この行為は許されるのでしょうか？」と問い返す。

ここを曖昧にしたら、世の中の人はすべて加害者ばかりで、被害者など一人もいなくなる。刑事裁判を思い浮かべてほしい。加害者の事情が検討されるのは量刑（いかほどの刑に処するか）の場面であって、犯罪事実を曖昧にすれば、そもそも加害者という概念自体が成立しないのである。

さて、こうした手続きには、当然○○の意向が反映されるべきだろう。ぜひ○○に「どうしてほしいの？」と聞いてほしい。謝ってほしいというのなら、きちんとしたセレモニーの場を設定して××に謝罪させる。××が謝ったら、謝れたことを評価して謝罪の場を終了させる。

老婆心で書くのだが、謝罪の場で、××に「もうするなよ」はやめてほしい。今われわれは、今回の「この行為」を問題にしており、謝罪の場で将来の罪に言及することは少々お門が違う。ただ、○○が××に謝罪を求めたとしても、求めなかったとしても、××には非行のところで述べる反省指導が必須の課題になろう。

故意

暴言、暴力、いじめ、非行、これらを同一のカテゴリーとして取り扱う理由は既に述べた。そしてわたしは、このカテゴリーにおいて「故意が関与する度合い」というところに大きな意味を認めてきた。すなわち、わたしは故意の関与度の低い加害行為を「暴言・暴力」と呼び、故意の関与度の高い加害行為を「いじめ・非行」と呼んできた。つまり、興奮しての感情爆発のことを「暴言」とか「暴力」と呼び、単なる感情爆発というより、相手を蔑もうとする故意性の高い暴言や暴力を、「いじめ」とか「非行」として読み分けてきた。これは、数え切れないほどの非行少年と対話して、つくづく納得したことだが、「故意」の高まりは「蔑み」と同義語化しやすいのである。

そもそも、暴言も、暴力も、いじめも、非行も、いずれも周囲にとって不快性の高い逸脱行動である。はっきり言えば許しがたい行為なのだ。それに故意や蔑みが加わると、本当に「いやなもの」になってくる。まずはその「いやなもの」へ入る前に、故意の関与が比較的低い暴言と暴力について述べたい。

暴言と暴力

故意性の低い暴言や暴力は、徐々に一人芝居と化す。換言すれば、最初の段階では相手役がいて、いわば相互作用（共同作業）の中で危ない状況が形成されていく。しかし、ある時点でこの相互関係は遮断される。この遮断には二種類あって、一つは相手をしていた方が、「これは話にならない」とやり取りを中断するもの。もう一つは、相手はまだやり取りを維持しているのに、本章の主役の方が不機嫌となり、勝手に相互関係を遮断してしまうものである。その後の経過はいずれも同じ、さらに大きな感情爆発へとなだれ込む。

そうした中で、暴言も暴力も活性化していくが、これは頭の中が真っ白状態での粗暴行為になるため、特に暴力の手加減は困難となり、当たり所が悪ければ、被害者に大怪我を負わせかねないものとなる。

これは、一度でも暴言や暴力が交わされる現場を目撃した人ならみんな知っていることだ。ともかく、怒鳴る、わめく、吠える、顔面蒼白、引きつった目、肩で呼吸し、腕を振り回し、地団駄を踏む。

これが学校で起きれば、教師は放ってはおけない。何人もの教師が現場へ駆け付け、「おい、やめろ」「落ち着け」と声を掛ける。しかし生徒の興奮はなかなか収まらない。

これに対して、後に述べるいじめや非行として起こる粗暴行為は、ここでの感情爆発に比べるといずれも悪質である。しかし、そこには「悪意（故意）」という、ある種身勝手な行動制御が働いているため、被害者の心に与える被害は甚大化する一方で、身体的被害の部分は打撲傷程度に終わることが多い。非行少年たちは、よく「尻は蹴ってもよいが顔は殴るな」と言う。これは被害者のことをおもんぱかって言っているのではない。顔に怪我をさせれば、すぐにリンチが発覚するという不届きな理由によっている。これは真に故意の所産だろう。とはいえ、複数の共犯者がいる場合には、陰湿な暴力が長続きしやすく、それは常軌を逸したものになりやすい。そうすると、ときには被害者の命を奪いかねないものとなる。この点は後述する。

対処法

複数の教師が現場に駆け付け、「落ち着け」と指示を与える。このやり方に問題があるなどとは決して思わない。しかし、先述したように、このやり方では事態の鎮静化に時間がかかる。実はこの状態に効果的なかかわりのできる人は、最初に駆け付けた教師ではない。二番手とか三番手に駆け付ける教師である。

そこで言うべきことは、「落ち着け」ではなく、「××くん、ここにいたのか」である。それに続けて、「ちょうどよかった、話したいことがあったのだ」と語りかける。意外なことに、暴れている人は、「何の話？」と乗ってくる場合が多い。そこで「ちょっとこちらへおいで」とその場からひき離す。おわかりだろうか。暴言や暴力への対応は、落ち着かせることではなく、モードを変えることである。このやり方は、暴言・暴力対応だけではなく、パニック状態で建物の三階にある教室、その運動場に面した窓枠に登り、「飛び降りてやる」と泣き叫んでいる人への対処法としても使える。

いやいや、逆である。故意性に乏しい暴言や暴力には、パニックへの対処法が有効なのだ。理由は明白、故意性の乏しい暴言や暴力こそが、典型的なパニックだからである。

もっとも、パニック対応の最善の方法は、対象者がパニックを起こしてしまう状況を調整することだろう。当たり前のことだが、パニックが起こらなければ、パニック対応は必要なくなる。ぜひとも、どういう状況で、どのような課題が与えられたときに暴言や暴力が起こりやすくなるのか、当該パニックはその人にとってどのような役割を担うものなのか、注目を得ようとするものか、課題を回避する役割を担っているのか（大騒ぎを起こせば嫌な課題に対処しなくてもよい）、といった実態把握を行ってほしい。

いじめと非行

①いじめ

いじめの出発点にあるものは、加害者の内面にある、自分自身へのいらだちである。そこへ被害者がやってくる。最初から被害者として迎え入れられたわけではない。一度は親友のようになる場合も、そうでない場合もある。加害者の取り巻きから紹介されるような形で、「運命の出会い」が起こってしまう場合もある。

最初のトラブルは、約束した場所へ行けなくなったりした、小さなすれ違いから始まる。加害者との関係は、修復されたり、また怪しくなったり、揺れ動きを伴いながら進んでいく。これが後に裏切ったとか、裏切らなかったとか、脚色され、少しずつ嫌な感じになってくる。

このあたりから加害者からの嫌がらせが始まる。被害者が加害者と直接トラブルを起こす場合もあるが、加害者が引き起こしたトラブルに、被害者が仲裁役として入り込む場合もある。

やがて、単なるトラブルではなく、加害者が自分の内面的なイライラを被害者に転移させる状況も起こってくる。加害者が被害者への批判を強め、いじめの様相が濃くなる。ところが、この段階になると、元々加害者の中にあるイライラから発する他者攻撃なので、いくら他者攻撃をしても加害者の内面的な病巣は改善されない。冒頭でも触れたように、スッキリ感を伴わないストレス発散の真似事によって、不快感の解消はよけいに困難になってしまう。そこから先はエスカレートしか残らない。

こうした「いじめ」への対応に際して、なぜ学校は「いじめ」という言葉から出発してしまうのだろう。これはわたしにとって理解不能である。たしかに、いじめ（弱者を痛めつける）という日本語はある。しかし、それへの対処を考えるときに、どうして「いじめ」という言葉が必要なのか。

思い切って申し上げる。いろいろな行政機関が「いじめの定義」を出している。あれを見るとわたしは国語の授業を思い出す。これは何のための定義だろう。「いじめ」という日本語の意味論、はたまた「いじめ」という日本語の語用に関する国語論か。いやいや違うだろう。「いじめ撲滅」を目指すための定義と違うのか。

だとしたら、「いじめの定義」は「犯罪」の一言で十分、それ以上でもそれ以下でもなかろう。その定義は、刑法、またはそれに関連する法律を紐解けば、そこにはっきり書かれている。

他者に義務なき用を無理強いすれば強要罪。他者を脅すようなことを言えば脅迫罪。他者の頭を叩けば暴行罪。そこにコブができれば傷害罪。刑法から軽犯罪法に至るまで、正当な理由なく人を取り囲んだり、進路を妨げたりする行為を含め、社会的ルール違反は法律に書かれている。しかも「いじめ」に該当する行為の、おそらく九割以上は、犯罪を取り扱う法律に抵触するものばかりだ。その際、法律は第六章で述べた出世魚に似ており、対象者の年齢によって呼び方が変わる。触法、非行、犯罪、しかし中身は一緒である。

もちろん、行政機関が出している「いじめの定義」には、それは犯罪に当たるという記載がどこかには出ている。しかし、本気で「いじめ撲滅」を推進する気があるのなら、どうして「いじめ」という表記にこだわらず、これは犯罪だという部分をもっと鮮明に押し出さないのだろう。わたしは、少なくとも学校においては、『校内から「いじめ」をなくそう』という言葉はやめにして、『校内から「犯罪（触法行為、非行）」をなくそう』に切り替えるべきだと思う。これではインパクトが強すぎるのだろうか。いやむしろ、これは学校の本気度が試される部分だと思うのだがいかがか。

さて、いじめの指導には、啓発であろうと、既に発生したいじめへの対応であろうと、生徒に「それは犯罪だ」ということを積極的に教えたい。そのための絶好の教材は六法全書である。強要なのか、脅迫なのか、暴行なのか、傷害なのか、関係条文に書かれていることを、子どもの読解力に合わせて翻訳して示す。もちろん関係法規の条文には罰則規定も書かれているのでそれも併記する。

六法全書がいじめや非行を指導する際の教材として優れているのは、罰則規定まで具体的に書かれていることである。刑法に始まる関連法規は、罰則を伴う法律であって、「理念法（こうあるべきという法律）」ではないのだ。

もう一つ六法全書が教材として優れている点、それは、触法、非行、犯罪、それを犯してしまった理由など、どこにも書かれていないところである。本章の冒頭でも述べたように、理由があれば犯罪的な仕打ちをしてもよいという論理は成り立たないのである。

②犯罪

犯罪対応の半分くらいは「いじめ」のところで述べてしまった。ここでは残った半分、反省指導について述べていく。これはいじめ対応の手法としても使っていただきたい。ただ、犯罪には「性犯罪」というやっかいなものがある。対象が男子の場合は、それはまさに「性犯罪」であり、「いじめ」として述べたことと、ここで述べることが、そのまま対処法になっていく。むずかしいのは女子の場合である。これは「性犯罪」というより、「性的逸脱」に近いものとなる。したがって、その辺りの事情も含めて、別項（性的逸脱）を設けた。

それでは犯罪への対処法を述べよう。これは、第八章でも述べることだが、犯罪はどこかで、だれかが、強制的に止めないと、本人の力だけでの制御はむずかしいものである。それができるのは、警察や司法機関ということになる。これは、いわばハードウエアーによる対応ということになろう。ここでは、もう少しソフトウエアーな側面、すなわち学校や施設で行える指導について述べてみたい。ということになれば、それは何といっても反省指導である。

ここまで書いておいて、水を差すようだが、実は非行というものは、反省することで止まるようなものではない。第三章で述べた課題対応はうまくいっているのか、第五章の学業不振対応は、第六章不登校対応で述べた見立ての問題や計画的な支援は、第八章で述べる保護者対応や、第九章で述べる損得感覚を用いる対応は、そして第二章で述べた利害一致、肯定的前提など、支援や指導場面の組み立てはどうか。さらに対象者が仕事に就いている場合、あるいは就労が予想される場合には、就労環境の調整や第三章における就労課題への取り組みはどうか、こうした総合的な働き掛けが非行からの立ち直りを後押しする。しかし、そうしたことは承知の上で、反省指導は非行指導の儀式とでもいえるものである。それはそれとして重要だと思うので、同じ儀式なら少しでも効果に期待できるやり方を採用した方がよいだろう。

そこで反省指導である。効果のある反省を導き出そうとするなら、視点は過去へ向けるべきではない。

例えば昨日万引きで補導された生徒がいたとしょう。その際、昨日の非行を振り返って反省する、そんな器用なことのできる非行少年にわたしは出会ったことがない。視点は必ず未来へ向ける。与える教示は「きみがまた万引きをした場合と、もうしなくなった場合を比較して、きみときみの家族との人間関係は、きみがまた万引きをすればどう変わるのか。万引きをしなくなればどう変わるのか考えてみよう」である。

同じように、また友だちを殴ってしまった。きみがそういうことをまたやってしまった場合と、もうしなくなった場合を比較して、クラスメイトとの人間関係はどう変わるのか。友だちを脅迫した場合と、もうそういうことをしなくなった場合を比較して、教師との人間関係はどう変わるのか。女子に抱き付いた場合と、もうそういうことをしなくなった場合を比較して、クラスの女子生徒との人間関係はどう変わるのか。

多分こうしたやり方があの人たちの反省指導にはよく似合う。従来の視点を過去へ向ける反省指導とどこが違うのか。それは、視点を未来に展開しながら、やった場合としなくなった場合とを対比させ、「結果を考える練習」になっているところだと思う。ともかく、あの人たちには、心構えに働き掛けて内省させるより、「練習」という方法がよく馴染む。それも一度に時間を掛けるより、短時間でもよいから、たびたび想起させた方が観念の定着率は高くなりそうである。毎日の課題作文として一定期間取り組ませる方法も考えられるであろう。ただ、あまり長々と取り組ませるのも考えものなので、せいぜい一週間とか二週間であろうか。さらに言うなら、このやり方は、損得感覚を意識した指導法であり、第九章で述べる道徳感覚に頼れない人にも適用できることを知っておきたい。

③女子の性的逸脱（売春）

性非行といえば、それはほぼ男性の独壇場である。これは生物学的に雄である男性の悲劇と呼ぶべきものだと思う。つまり、生物学的には、だいたいにおいて動物の雄は、雌に比べて性衝動が高めにセットされている。ところが人間は社会を作ってしまった。それゆえに男性は、元々高めにセットされている性衝動を社会的に制御するという、女性より複雑な宿題を背負ってしまう。当たり前のことだが、複雑化したシステムはエラーを起こしやすい。だから男性の性非行は女性のそれより多発しやすくなる。

ただ、男子の性非行はアクティブなため、逸脱すれば即加害者的になる。だからそれへの対処法は、ここで述べている加害者対応がそのまま使える。

ここでの問題は女子である。女子の場合にも性非行は起こるが、そのほとんどは同性によるリンチとして表出する。つまり、女子同士のリンチは、不思議なほど性的辱めの要素が強くなりやすい。被害者の女子を裸にし、ときには自慰を強い、性器への異物の挿入、あるいは男子の共犯者に強姦させ、それを撮影する。ここまで書けば十分だろう。もちろん男子のリンチでも、被害者を裸にすることはあるが、女子ほど性的辱めの要素は濃厚にならず、もっと暴力的になる。しかし、女子の性的リンチを、仮に性非行としてカウントしたとしても、それは男子の性非行（強姦、強制わいせつ等）の足元にも及ばない発生率である（女子の性的リンチは一般的には暴力非行としてカウントされる）。

それでは、女子の性非行は無視してもよいほど少ないのか。いやいや決してそうではない。加害者的な性非行はたしかに少ない。しかし、周囲を非常に心配させる性的逸脱、一口で言えば安易すぎる性行動は、決して非行のある男子に負けてはいない。特に女子の場合には、男子より性的誘惑に晒される機会が多く、見知らぬ男性からの甘言はただでさえ売春に結び付きやすい。それに加え、援助交際とか、ＪＫビジネスとか、売春へのハードルを引き下げる流行語が次々作られる昨今の社会情勢からすると、非行化した、あるいは非行化の兆候を示す女子の、放縦な性行動が今後収束へ向かうとはとても思われない。ともかく、女子の性的逸脱には加害者的な要素が目立たないため、相当危険な状態に陥っても、指導を受ける機会を逸しやすい。これは非常に大きな問題だと思う。

ここでわたしが危惧しているような、女子の性的逸脱に最も神経を尖らせているのが学校の教師だと思う。例えば少し前まで、特別支援学校で女子の性的逸脱が問題になることはあまりなかった。昨今ではどこへ行っても教師が頭を抱えてみえる。ここでも売春なのである。この問題は既に中学校から高校まで、校種を越えて拡散しているのだと思う。

最近、女子生徒の性的逸脱をテーマにした相談や研修の依頼が増えてきた。そこで、研修等でお伝えしていることのエッセンスを述べて、本章を締めくくろうと思う。

まず、女子の性逸脱に関わろうとされる教師には、それなりの覚悟が必要である。相当突っ込んだ対話を交わすことになるため、女子の指導者は女性教師であることが大前提である。わたしの知る限りにおいて、この指導には男性教師は役に立たないという以前に危険である。

まず、対象女子の性に関する知識の実態把握が必要である。性的隠語は知り過ぎるほど知っているが、基本的な性的用語に関しては驚くほど無知である。何しろ彼女らの性のテキストは成人向けＤＶＤである。しかも、ホテル等で成人男性からの解説付きでＤＶＤを鑑賞し、そのまま実践しているから、この点についての知識は山ほどある。

さて、指導者の基本的スタンスである。啓発的な性教育で行うように、妊娠の危険や性感染症の危険を伝え、性行動の自粛を求めるような働き掛けは逆効果になる。これらの働き掛けは、彼女らからすると「脅し」として認識されやすい。よく出てくる皮膚が「びらん」しているような写真は、まさに脅しにしかならない。ご存じのとおり、脅しの効果は限定的なものでしかない。

まずは、性行動を肯定することが出発点になる。性対象を求めること、性欲、性的興奮、性的快感、絶頂感、これらを求めること、求め方やその方法を一つ一つ肯定していく。ここで初めて対話の入り口が開ける。こんな対話は同性同士でなければ安心して交わせない。そこまで肯定されることによって、彼女たちは初めて放縦な性行動に対して「用心深く」なれる。脅しによる自制と、自然発生的な用心による自制、その効果の違いは語るまでもなかろう。

彼女らは、性行動の部分に対して限局的に目覚めすぎている。大切なことは、バランスよく覚醒してもらうことだと思う。妊娠のこと、性感染症のこと、それらを自分への用心として学んでもらうのは、そこから先の課題である。

女性の先生方、ぜひとも本気での対話をお願いしたい。そして、性をとおして人生を語り合い、かけがえのない自己存在、かけがえのない他者存在に目を向けさせたい。それこそが、本当の意味での性教育なのだと思う。

第八章 保護者

保護者支援はいろいろな言説に満ちている。例えば「親が変われば子も変わる」というあの標語、これを「まとも読み」するとこうなる。ここにむずかしい子どもがいる。それは親の不徳の致すところを反映している。親がそれに気付き、改めるべきところを改めれば、子どものむずかしさは改善される。まあ、そうなのかもしれない。ただこれは、子育てがうまくいっている人が、この標語を見て「そのとおりだ」と安心するための言葉のような気もする。

残念ながら、われわれと出会う保護者はそういう人たちではない。まず、子育てのうまくいっていない人が圧倒的に多い。しかも「親が変われば」と言うのは容易いが、なかなか変われない事情をかかえている人が多いのだ。そういう人にこの標語は厳しい。仮に、わたしが標語を作るとしたら、「子どもが変われば親も変わる」になると思う。その心は、なかなか変われない事情（その多くは過去のしがらみ）をかかえている保護者への支援より、子ども支援の方が先だということ。そして、わが子の変化（成長）を目の当たりにすることで、保護者はようやく自らも変わりやすくなる。ポイントはここだと思う。つまり、最高の子ども支援は最高の保護者支援と同義語なのだ。

ときどき子ども支援がうまくいかない理由を保護者のせいにしている人と出会う。たとえそれが事実であったにせよ、事実でなかったにせよ、親の不都合を免罪符のように使う。これはいかがなものか。よし、それなら保護者支援にまつわる言説を打ち破ってやろう。それが本章である。

愛情

ともかく、いろいろな保護者と出会ってきた。その中で、少数ではあっても一定不変の数を占めるのが、「この子には愛情を感じられない」とおっしゃる保護者、これは大抵母親の言葉である。この言葉、父親からも出なくはないが、母親からの方が圧倒的に多い。その理由などあえて書くまでもなかろう。父子一体感より母子一体感の方が強い。それ以上の理由も、それ以下の理由もない。それが母親である。

それはそうとして、子どもに愛情を感じられないと訴える保護者に出会うと、われわれはついつい「それは苦しいですね」と真正面から受容したくなる。しかし、わたしなら「お母さん、素晴らしいと思います。そこまで子どものことが心配だったのですね」と応じる。この「やり取り」の違いに注目してほしい。

わたしは、母親の訴えを真正面から受け止めず、褒めることで少し的を外している。しかし、受容という点からすると、的を外すことによって、「苦しいですね」とか「愛情を感じられなくなるほど思い詰めてみえたのですね」より、母親の思いに近いところでの受容になっていると思うがいかがであろう。しかも第一章で述べたように、この方が生臭さは少ない。

わたしは、子育ても学校の勉強も一緒だと思う。やってうまくいけばやる気が出てくる。やってもうまくいかなければやる気が出なくなる。要するに学習性（経験によって生じた）無力感または無気力という現象だが、これに子育てが絡むと、やる気の問題より残酷なことが起こってしまう。子育てがうまくいっていない保護者は、とたんに愛情不足を問われやすくなってしまうのだ。

わたしは、決して愛情を否定するものでも、軽視するものでもない。ただ、子育てがうまくいっていない保護者は、「あなたの愛情が足りないからだ」という槍衾（やりぶすま）の中に立たされる。ときには専門家と称される人までが、槍ぶすまの中の槍を一本持って保護者を責める。もっと子どもと接する時間を増やしましょうと。

わたしは本書の中で何度も百歩譲っているが、ここでも愛情不足が現実にあったことにして百歩譲ろう。しかし、仮にそうだとしても、われわれに何ができるのか。どれくらい愛情をかけたら報われるのか。わたしには全く見当がつかない。どうしたらよいのかも全くわからない。ただ、その行き着く先に待っているものが、「この子には愛情を感じられない」という保護者の言葉であることはよくわかる。

はっきり申し上げておく。子育てに行き詰まっている保護者が求めているものは、「苦しいですね」という慰めではなく、「頑張っておられますね」という承認である。

暴力

もう一つ、一定不変の数を占めるのが暴力肯定的な保護者である。これは、力で子どもを指導しようとされる方々で、ときには「先生、こいつはぶん殴ってやらないと言うことを聞かないですよ」と堂々とおっしゃる人もいる。数は少ないが「もし学校でこいつが言うことを聞かなかったら、親に言いつけると伝えてください」とおっしゃる方もいる。この保護者からの提案に、「素晴らしい味方だ」と思う先生がいたとしたら、ちょっと待っていただきたい。この保護者の子育てはおかしい、と言うより間違っている。

かといって、「お父さん（お母さん）、そのやり方は間違っていますよ」とは言わない方がよい。特に若い先生方がそんなことを言うと大変なことになりかねない。保護者の態度は一変し、話は「あんた、子育ての苦労わかっているのか」というところへ入ってしまいかねないのだ。それより対話してほしい。まずは、「指導のためとはいえ、自分の子どもを殴ったり蹴ったりしてまで何とかしようとされる、お父さん（お母さん）の熱心さにわたしは感服しています」と現状を肯定する。

ここでやめてはいけない。そんなことをすれば、あなたも単なる暴力肯定論者になってしまう。次の台詞が待っている。

「でも、お父さん（お母さん）、たとえ指導のためとはいえ、自分の子どもを殴ったり蹴ったりするのは、お父さん（お母さん）にとってもつらいところでしょうね」と。わたしは人生の半分以上この仕事をやってきて、この言葉を否定する保護者と出会ったことがない。言い方はいろいろだが、「先生、それは苦しいですよ」とおっしゃるに決まっている。ここで利害が一致した（第二章の利害一致参照）。

利害一致は相手の物分りを良くする可能性がある。それを待って保護者の本丸へ切り込む。「お父さん（お母さん）は指導のためとはいえ、自分の子どもを殴ったり蹴ったりすることの苦しさと辛さをよくわかっている方です（わかっていない人であってもこう伝える）。そういう人とならわたしはスクラムが組めますので、一緒に考えてみませんか」。多くの場合、これが対話の出発点となる。

おわかりいただけただろうか。子どもを力で指導する。これは間違ったやり方である。われわれは、間違っていることは相手に伝えなくてはならない。しかし、真正面から「それは間違っている」と伝えてわかってくれる人が相手なら苦労はしない。

まず保護者を肯定する。次に保護者との利害一致が起こる場所を探し、保護者に納得できる言葉でそれを伝える。こうした手続きを経ていれば、保護者はこちらの提案に同意される可能性が高まる。そこまでやって、わたしもあなたも同じ考えを持っている、そういう人となら一緒にやっていけるという方向へと舵を切る。第五章の保護者の同意で述べたのはまさにここである。

このやり方を、わたしは子どもを虐待してしまう保護者にも用いてきた。「それはダメです」という言語的媒介を用いている間は、おそらく折り合いをつけられる場所は見つからない。かといって受容を用いる方法だと、折り合いをつけられる場所への到達にとてつもない時間がかかり、そこまでたどり着けるかどうか、それすら見通しが立たない。ここで紹介したやり方は、異なった立場にある者同士が折り合える場所を見つける方法として、おそらくどんな相手にも安全に使うことができる。

どこかで聞いたやり方だと思われないだろうか。そう、アサーションである。意見の異なる相手に伝えるべきことを伝える。伝わりにくい相手の場合には、相手の納得のスタイルに合わせてメッセージを操作する。わたしはアサーションのスキルを、とても大切な対話力そのものだと思っている。

＊アサーションは日本語に訳しにくい言葉である。主張とか断言では強すぎるので、適切な自己主張とか適切な自己表現、ないしはその技術として表記されることが多い。かなり意訳になるが、わたしが好きな表記は「爽やか自己主張」である。

苦情

もう一組、一定不変の数を占めるのが苦情の多い保護者である。「クレーマー」という、たいへん不名誉な呼ばれ方をされてしまう保護者などその代表格だろうが、こうした保護者に決定的に不足するのが先述のアサーションだと思う。物は言いよう、ここがわかっていないと、出自は正当な主張であっても、相手には不快感を持って受け止められてしまう。要するに損な性分の人、それがクレーマーの本態ではないのか。

別の解釈もある。そもそも、子育てや学校との関係が順調な人はクレーマーにはならない。「うまくいっていない」という大前提がクレーマーの温床なのだ。本来であれば、この状態を相手に伝えるときは、困っているので相談したいという「お願いモード」で出発するのが手順である。ところが、お願いが一挙に「苦情」となり、苦情が一挙に「攻撃」となる、ここでクレーマーが誕生する。どうしてそうなってしまうのか。そこには、自分が批判されることへの不安が関与している、という「うがった解釈」がそれである。

これは、「自己防衛のメカニズム」と呼ばれるもので、これもフロイト先生が発見した正常な心の動きである。攻撃は最大の防御なり、うまくいっていない状態に対して、「親が変われば子も変わる」という批判を避けるため、まずは「学校が悪い」と噛みついているのがクレーマーの本態というわけだ。たしかにそうなのだと思う。しかし、わたしとしては、この解釈にもう一つ別のメカニズムが合併しているのと言いたくなる。それは自分の発した言葉によって、相手がどんな気持ちになるのかを想像する力の弱さがあるのではないか。わたしは、ここまで突っ込めばクレーマー論にはかたがつくと思う。まさに「うがった解釈」である。

さて、それはともかくとして、特に学校の先生方は苦情の多い保護者の強烈な言葉から自分の身を守る術が必要である。しかし、この場面で「攻撃は最大の防御なり」を用いてはいけない。そんなことをしたら、あなたは保護者との全面戦争に突入してしまう。それでは、飛び来る言葉の砲撃の中で、あなたには塹壕に潜ってじっと耐え、泥まみれになるしかないのか。いやいや、そうではない。そこでこそ対話してほしい。

まず、苦情の多い保護者との電話での対応は極力避けた方がよい。電話は長くなる。一時間くらいあっという間に過ぎるのは苦情を言っている側であり、先生方には地獄の一時間が待っている。それに、電話は正真正銘一対一、それも耳元での内緒話なので、後になって「言った」「言わない」が必ず問題になる。かといって最近トラブル回避の方法として使われるようになったあの小しゃくな手段、「間違いが起こらないよう自動録音させていただきます」。あのアナウンスは野暮の極みであり、教育機関である学校では使ってほしくない。

どんなビギナーの先生でも、一分も話せば「この人は話が長くなりそう」ということはわかる。ぜひとも「ありがとうございます。とても大切なことを伝えていただけるので、たいへん勉強になります。このお話は電話ではもったいないので、ぜひ学校へ足をお運びください」である。かなり高い確率で「そんな暇はない」とおっしゃるから、「それは残念ですね。あらかじめアポイントさえ取っていただければ大丈夫なので、時間ができたらお知らせください」でよい。これも立派な対話だ。

　さて、実際に学校で面談される場合には、一対一面談は避け、複数で対応してあげた方が親切だと思う。複数対応を危機管理のためなどというのは、これも野暮の極み。わたしの学校巡回でも、一人の先生しか出てこられないと（その先生には悪いが）、「この学校、本気かなあ」と思ってしまう。

　さて、苦情処理の基本を申し上げる。これは、教師が保護者の質問に答えるのではなく、保護者と教師、両者の質問の均衡を取ることだと思う。苦情の多い方への対応では、最初の段階からこのバランスが崩れやすい。つまり、保護者が尋問して教師が答える。ここへ落ち込んだら対話にならない。

　対話は会話と異なることは第一章の対話のところで述べた。つまり日常会話とはいうが、日常対話とは言わない。対話とは異なった考えを持つ者が、気持ちよく意見を交わし、一致するところと一致しないところを明らかにする。その上で両者が納得できる落としどころを見出し、話し合いができてよかったという時間を共有する「やり取り」の総称である。先生が一方的に尋問されるのは糾弾ではあっても対話ではない。それでは、どうやって対話への移行を図ったらよいのか。

　ここで、あの有名な言葉、「わたしは、よくわからないので、教えてほしいのですが」が登場する。そう、対話の達人中の達人、ソクラテス先生の「やり取り」である。いわゆるソクラテス問答は、対話法の基本中の基本なので、本書は全体をとおしてそれを踏襲している。そうした対話の雰囲気は既にいままでの記述の中で「十分味わっていただいている」と思うがいかがであろう。ところで、ソクラテス問答については、どうして本書の中で一つの章として取り扱わないのかも含め、「おわりに」の中で述べてある。

さて、話を元に戻す。この場面での対話の出発点は、主客の平等性を保持することである。どんどん質問していただいても構わない。ただし、一方通行はよくない。保護者の質問にあなたが答えたら、あなたの質問に保護者も答える。ここであなたと保護者の利害一致を起こしていく。その間には、「今日お話し合いができて本当に嬉しい」をところどころに挿入していく。ソクラテス先生もこの言葉のやり取りを好んで使う。ソクラテス先生は散歩しながら対話することがある。そうしたときに、「この話題なら、ぼくはいつまでもきみと歩きたいよ」という肯定的フィードバックを効果的に用いる。若き日の対話の中で、超有名人である目上の人に反論したときも、相手を言い負かすのではなく、最終的に大先輩から「今日は面白かった、機会があればまた話そう」という言葉を引き出し、「こちらこそ」で締め括る。

本当に対話とはこうありたいものだ。クレーマーという失礼な呼ばれ方をしてしまうような保護者と対話して、相手から「今日はいろいろ厳しいことも言ったが、わたしがいかに自分の子どものことを心配しているかということ、それを先生にわかってもらえて嬉しかった」というところへ話を持って行けたら素晴らしいと思う。

もし、その場にソクラテス先生がいたとしたら、にっこりして、「その保護者さんはね、まだ自分が生まれる前に見ていた、正しい国の風景を思い出したのかもしれないよ」と言うかもしれない。この謙虚さ学ぶべし。

非行のある子どもの保護者

わたしは長いこと非行少年と付き合ってきた。もちろん非行のある子どもの保護者とも出会ってきた。その保護者の話をすれば、それはすべての保護者対応の礎になると思う。

さて、非行のある子どもの保護者。わたしはこれほど過酷な子育て環境にある人を他に知らない。なぜならば、非行のある子どもの子育て、これほどストレスに満ちた子育て環境は他に類例がないからである。そこで保護者がいだくのは、極度の焦燥、極度の不安、極度の不快、やり場のない怒り、そして自責の念。どれ一つをとっても大変なのに、それが全部一度に寄って集って保護者を責めさいなむ。

これに、非行のことをあまり知らない人、ときには専門家と呼ばれる人までもが、的外れな助言を与えてしまいやすい。

もっと子どもに寄り添い、子どもを受け入れてあげましょう。もっと愛情を注いであげましょう。子どもの非行には意味があります。だから焦らず待ってあげましょう。

わたしがこの本の中で何度も述べている的外しは緊張緩和の方略である。ところがこの的外れは、美名に隠れ残酷さに寄り添うような手続きとなる。「的外し」と「的外れ」には雲泥の差があるのだが、どうして的外れが残酷なのか。的外しは意図的に状況転換を行う対話上の手続きである。これに対して、的外れはその結果起こることに発言者は気付いていない。その結果起こることとは何か。

ストレス状況にある保護者に我慢を求め、あたかもそれが必要であるかのような錯覚を保護者に強いる。しかも、暗に保護者の変容を求めているところに非常に大きな問題がある。なぜなら、非行は決して保護者が是認できるものではないし、保護者に子どもの非行を止める強制力などない。強いてそれをやろうとすれば、虐待と呼ばれるような事態が大口を開けて待っている。さらに、究極の目標になるものは、子どもや保護者の変容ではなく、子どもと保護者の関係性の改善である。

さらにもう一つ、暗黙のうちに愛情論議が、少なくとも保護者がそう思わざるを得ないような刺激として含まれている点にも非常に大きな問題がある。子育てのうまくいっていない保護者へ愛情を云々することの残酷さ、これは本章の愛情のところで述べたとおりである。まして非行のある子どもの子育てを強いられている保護者へのそれは、保護者の存在理由を否定する行為になってしまうと思う。おそらくここは、本書の中で最も強烈にわたしの意見を主張している部分である。「それなら小栗さんは、非行のある子どもの保護者にどう助言してきたのか」という質問が出てきても当然だろう。そこで、わたしの助言の手順を示す。

まず、非行のある子どもは天邪鬼だということを保護者に理解していただく。要するに天邪鬼とは、右といえば左、左といえば右、まともに相手をしたら言うことを聞いてくれない。だから、非行のある子どもに保護者が熱心に働き掛けたとしても、子どもはそれに見合った（親への報酬になるような）望ましい反応で答えてくれるとは限らないということを理解していただく。これは、理解していただくのではなく、わたしがそう伝えると即座に、「先生、おっしゃるとおりですよ」と答えてくださることが多い。この段階で利害一致は万全だ。そこで次の手順へ移る。

わたしが目指すのは、保護者の方々を「(子どもを) 何とかしたい」という呪縛から、少しでも解放してあげることである。そこで保護者に語りかけることは、①あきらめる必要はないけれど、あきらめてもいいかも。②保護者がしなくても、だれかがしてくれるかも。③ダメだと言っても子どもは夜遊びするのだから、用を言いつけた方がいいかも（例えば明日の朝のパン買ってきて）である。その心は以下のとおり。

■第一点目　非行のある子どもへの対応で、保護者がやっきになればなるほど、子どもとの関係は硬直化しやすい。指導の目標はこの硬直感の緩和である。だから、あきらめる必要はないと思うが、保護者の要求は一旦取り下げてもよいと思う。そうしたほうが新しい変化が起こる可能性は高まる。

■第二点目　非行は、どこかでだれかが強制的に止めてやらないと、なかなか自制できない逸脱行動である。ところが保護者にはその強制力がない。そこに保護者による非行指導のジレンマがある。法治国家である日本においては、非行を強制的に止める機能を持っているのが警察である。もちろん、一般市民にも（保護者にも）、勇気さえあれば非行の制止に関わることはできる。しかし、それを実行するにはかなりな危険が伴う。やはり、それなりの装備と訓練を積んだ警察官に任せた方が安全である。

保護者にも、学校の教師にも、施設の職員にも、子どもが警察に逮捕・摘発されたらおしまいだという大きな誤解がある。非行はどこかでだれかに強制的に止めてもらうことと、その後も強弱はあるが、ある程度以上の強制力を有する指導機関の介入が必要である。現実的に考えて、非行のある子どもに最も有効に機能するのは、司法機関の介入だと思う。わたしは、警察も、検察庁も、家庭裁判所も、保護観察所も、少年院も、非行という逸脱行動に対処するための多職種連携のネットワークに入っていると考えている。だから、保護者が頑張らなくても（というより頑張ってもできないことを）公的機関が頑張ってくれるかもしれない。そこから初めて本格的な非行指導が開始できるようになると考えるのが正しい。

■第三点目　非行少年はこうした親の依頼（明日の朝のパンを買ってきて）に対して意外なほど律儀というより、喜んでやってくれる側面がある。彼らの本音は親に評価されたい、親の役に立ちたいなのだから。ところが、そうしたサービス精神が勝って、たまに先輩からお金を借りて買ってくる子どもがいる。そういうときは、すぐに倍返しをしないと後がややこしい。

ただ、そんな夜遊びを奨励しかねない働き掛けをして、子どもが勢いづいてしまったらどうするのかと心配される人もいる。ご安心を。どちらにしても非行少年は夜遊びをするのだ。それが目立てば警察に補導してもらえる可能性も高まる。わたしは、非行のある子どもはできるだけ非行が進まないうちに警察補導を受けるのが、指導的展開には望ましいと思っている。反対に、周囲がなるべく表沙汰を避けようと奔走した結果、かえって非行が悪化した事例を嫌になるほど見てきたのだから。

ここで非行のある子どもを持った保護者への支援をまとめてみよう。非行の領域には社会的な標語が非常に多い。例えば「家庭での会話を増やそう」とか、「明るい家庭云々」とか。そのとおりなのだが、これはそれができている家庭のためにある標語である。それのできていない家庭にとっては、標語は既に述べた槍ぶすまの一本になってしまう。標語を作る人には申し訳ない限りだが、わたしは非行少年の保護者には、「スローガンというものは、ある意味無責任なものですから、あまり気にする必要はありません」とはっきり伝えてきた。

非行のある子どもへの保護者からのアプローチは究極状況に直面することが多い。ここでの配慮は、実は支援や指導に困難をかかえる子どもの子育て全般に共通するものだと思うがいかがであろう。

第九章

再考・人を殺してみたかった

この論考を第一章から分離させた理由は、本書で述べていること自体が、すべてこの衝撃的な言葉の謎解きにつながっており、本書全体をお読みいただく前に、この論考を行うのは、時期尚早だと考えたからである。このあたりで、もうそろそろよかろう。

それはともかくとして、この章で述べねばならぬことは以下の三点である。

①なぜこんな言葉を発するのか
②なぜこんな観念にとらわれるのか
③そもそも反省することはできるのか

なぜこんな言葉を発するのか

その答えは、おそらくコミュニケーションの不調である。ここで言うコミュニケーションとは、「相手の立場や相手の思い」を想像する力そのものである。この力が不足すれば、そもそもまともな「やり取り」など成立するはずがない。例えばコミュニケーション言語によって説明してみよう。

われわれは乳幼児期から言葉の学習に精を出してきた。なぜなら、言葉とはコミュニケーションの道具だからである。ところが、ここでの主役の中には、コミュニケーションの力は弱いのに、言葉だけを溜め込んできたような人がいる。そうすると何が起こるのか。

せっかく身に付けた言葉は、コミュニケーションの道具どころか、人を傷付ける道具になってしまう。例えば、あなたが女性であれば、初対面の人から、「あなたの歳はいくつ?」「あなたの体重は何キロ?」

と唐突に質問され、嫌な思いをされた方がいるに違いない。そこであなたがムッとしたとする。しかし、そんなことを聞く人には、あなたがなぜムッとしたのかわからないことがある。だからその人は、逆にあなたのことを「人が親切に聞いてあげたのに失礼な女だ」と思うかもしれない。この状況が行きつくところまで行ってしまうと、そこに「人を殺してみたかった」が待っている。

要するに、言ってはいけないことを言ってしまう。それは「そんなことを言われたら相手はどう思うのか」ということを想像できないこと、要するにコミュニケーションの不調を背景に発現しやすいのである。

そこで、「人を殺してみたかった」であるが、こんな言葉が出てきたのは、おそらく第一章の「二転三転」の中で述べたように、「どうしてそんなことをしたのか」と尋ねられたからである。だからその人は思いついたこと、あるいは以前から思っていたことを正直に答えた。それがどんな波紋を引き起こす言葉なのかを想像できないままに。

これで第一の問いにはかなり答えた。しかし、まだ核心部分が残っている。一部の人は、どうしてそんなことを思い続けるのか。そして究極の謎、もし自分の犯した犯罪について反省できればこんなことは言わないはずだ。ここでの主役たちにとって、反省するとはどういうことなのか。

なぜこんな観念にとらわれるのか

考えてみれば、人の身体の中（内臓）はどうなっているのか。人が死ぬときにはどういう経過をたどるのか。ギロチンで切断された首は、短時間ならものが見え、音も聞こえるのか。死後の腐敗はどう進むのか。こうしたことは、そもそも人間の根源的な興味を刺激する。早い話が、解剖学などは、そうした疑問の答えを求めた学問的な熱情から発展した。それにしても、人間はどうしてそんなことに興味を持つのか。

その答えは「無気味」だからである。無気味なものは万人の興味を引く。フロイト先生も「無気味なもの」(一九一九年)という論文を書いている。要するに人間はホラー映画が好きなのだ。そこで大切なことは、「無気味さ」とは感覚的なものだというところだと思う。要するに、ホラー映画が好きだとか嫌いだとかいうのは、理屈の問題ではないということだ。われわれは無気味な感覚による自己刺激を求めて、映画館の暗がりへと足を運ぶのである。

ただし、自分の胸に手を当てて考えてほしい。ホラー好きにも限度がある。化け猫程度のホラーであれば、怖いもの見たさ、わたしだって観たい。ところが度を越してくると、「これにはついていけない」と観る気がなくなる。セックスもよく似ている。ある程度までは興味津々だ。しかし糞尿愛好者のスカトロジーが出てくると「もうけっこう」である。これも無気味さと同様に、理屈ではなく感覚(嫌悪感)の問題だ。

言いたいことはここ。感覚というものは、ある程度のところで飽和(満腹)に達する。ところが、この満腹中枢に不具合のある人がいる。それがここでの主人公である。繰り返しになるが、度を越して無気味なもの、血なまぐさいもの、凄惨なもの、これは感覚(嫌悪感)を刺激する。だからわたしたちは、限度を超えたグロテスクなものを好まない。ところがブレーキの利かない人がいる。感覚による抑制(気持ち悪い）に頼れない人たちである。そういう人に対しても、グロテスクなものは、人間の根源的な興味を刺激し続ける。そこまでは百歩譲ってもよいのかもしれない。しかし、いつまでたっても嫌悪感が作動しない。そうするとグロテスク思考の暴走が開始される。おそらくこれが、あの人たちの凄惨な観念に対する自己没入の理由だと思われる。それは下手をすると、その観念に突き動かされ、他者を破壊する衝動に転嫁しかねないものなのだ。

＊ Freud.S.(1919) *Das Unheimliche.Gesammelte Werke.12*,227-268.London.Imago.S.Fischer Verlag.Frankfurt am Main.「無気味なもの」高橋義孝ほか訳『フロイト著作集3 文化・芸術論』人文書院、一九六九年、三二七〜三五七頁。

反省できるのか

さて、最後の問いであるが、これは本書の主題とも関係するものなので少し詳しく述べることにしたい。

①少数派

神経発達障害群の人たちは、みんな反省することが難しいと短絡的に考えてはいけない。まず注意欠如多動性障害（ＡＤＨＤ）の人たちは、基本的に「しまった」という感覚が分かるし、その場では反省もできる。しかし、また同じ失敗を繰り返しやすいところが問題ではある。実は非行少年にはそういうタイプが多い。

わたしは、少年鑑別所に入ってきたADHD系の非行少年に、「人を殺してみたかった」と言うような人についての感想をよく聞いた。そうすると、彼らあるいは彼女らは異口同音に、「あれはぼくたちの仲間ではない。きっと病気だよ」と答える。この部分に関して多くの非行少年の感覚は正しいのだ。

それでは、かつてのアスペルガー症候群を含む自閉症スペクトラム障害の人はどうか。ここでも「人を殺してみたかった」というような人は少数派である。そもそも自閉症スペクトラム障害の人には、道徳教育の鏡のような人が多い。例えば高校生の友だちグループが「今夜はカラオケへ行こう」と盛り上がっている。そんな中でただ一人、「そういうことはお母さんに聞いてからでないとわからない」と言い出し、「お前、気はたしかか」と場を白けさせてしまう人の方が多いのだ。それではグロテスクな刺激に埋没してしまうような人はどういう人なのか。

②支援

自閉症スペクトラム障害を持っていても、みんながみんな、「人を殺してみたい」という状態へ陥るわけではない。わたしは、各地の発達障害の親の会への支援を三〇年以上続けてきたが、そこでの経験に基づいて、とんでもないことを言っている人と、そうでない人の違いを説明できる。

穏やかな家庭環境、相談し合える保護者同士の人間関係、専門家とのネットワーク、教師との意思疎通と十分な連携、こうした養育環境の有無が天国と地獄の分かれ道になる。

発達障害があるからこそ、養育環境は非常に大切なものである。十分支援された子どもは、少々頼りない側面は残すかもしれないが、死体に興味を持つようなことはほとんどない。仮にそうした興味を持ったとしても、支援の背景がしっかりしていれば、余裕のある対応が可能である。

逆にそうした養育環境がないと、対象者は無防備なまま、人間の根源的な興味に引きずられ、凄惨な幻想に支配されることになりかねない。しかも、人の死に伴う周りの人の気持ちを想像する力が弱い。その結果がどうなるかは、今まで述べてきたとおりである。

そこで、一度も述べていないことに一言だけ触れる。凄惨な事象への没入が起こると、対象者の死へのハードルは否応なしに低くなる。それは、死への「ためらい」をも低下させることがある。発達障害のある人には、うつ病のような病態がなくても、自死予防への配慮が必要になる場合がある。わたしは、動機の不明確な自死と聞くとまずこれを疑う。「人を殺してみたかった」などと言っている人の中にも、そういうリスクを持っている事例を、わたしは少なからぬ頻度で見つけてきた。

③道徳感覚

道徳的な感覚の育成には、乳幼児期の体験が大きな役割を果たす。早い話が、三つ子の魂百までというあれである。つまり、二歳から四歳ころ、脳の臨界期と呼ばれるような時期に、周囲の大人がいかに道徳的に振る舞っているかということ、これが大きな決め手になる。

例えば、幼児期の子どもと一緒に公園を散歩中の保護者が、煙草の吸殻やジュースの空き缶を平気で道に捨てる。そうした様子を日々目のあたりにしている子どもに、望ましい道徳的な感覚など育つだろうか。

逆の発想で書けばこうなる。幼児期の子どもに、童話を読み聞かせる。これは道徳感覚の育成に決して悪いことではない。洋の東西を問わず、だいたいにおいて童話というものは、悪いことをした人や動物に罰が当たる話と相場が決まっている。そこで子どもに刷り込まれるもの、それが道徳的な感覚の基盤になっていく。

この道徳感覚は、極めて強力で安定した認知を形成する。どの程度強力かというと、道徳感覚を獲得している子どもは、友だちがいいものを持っていたとき、「自分も欲しいな」と思うことはあっても、「盗ってやろう」などと考えることはほとんどない。たとえ盗ってやりたいと思っても、まず実行には移さない。つまり盗むという認知や行動が成立しないほど強固で安定した感覚、それが道徳感覚である。

さて、乳幼児期に児童虐待のような厳しい養育体験を持った子どもには、ときとして盗癖の発現することが知られている。これは、おそらく道徳感覚の獲得不全が関与する現象であって、障害の有無にはあまり関係しないものだと思う。要するに童話の読み聞かせどころではない環境の中で育った子どもの悲劇としか言いようがない。

ところが、当該行動の修正を目的に、道徳的感覚を育てようとしても、子どもが既に小学生の年齢に達していると、その指導はいかに難しくなることか。まして中学生であればなおさらである。そんなことは、非行のある子どもを扱った経験のある人ならみんな知っていることだと思う。その理由は、道徳的感覚が最も育ちやすい幼児期を既に通り過ぎているからである。それでは手遅れだろうか。

決して手遅れではない。道徳感覚以外の感覚を活用する方法をわたしは用いてきた。それは「人を殺してみたかった」などと言っている人にも使える。それを次項で述べて本章を締めくくろうと思う

④損得感覚

人を殺してみたい、こんな物騒なことを考え、口走ってしまう人への次の展開は、おそらく認知行動療法である。その際、特に導入部において、「損得判断」へのパラダイム・シフトを図る配慮が重要な意味を持つ。

そうすると興味深い現象が起こる。「道徳感覚」にあれほど無反応だった対象者が、「損得感覚」には意外なほど素直に反応するのである。

しかも、既述のように、「道徳感覚」の「獲得」は、おそらく幼児期が大きな比重を占めるのに対し、損得感覚の獲得（というより経験学習）は、人生の終末期に至るまで多分大丈夫だと思う。

もちろん、損得判断では打算に過ぎると思う人もいるであろう。しかし、ここで提示したようなやり方があの人たちの反省指導へとつながっていく。

次に述べることを忘れないでほしい。支援の機会を逸してきた人に、最初から道徳感覚に基づく反省を求めるのは、はっきり言って酷なのである。

また、第二章で述べたように、発達障害のある人は、指導者との間で利害の一致が起こると物分かりがよくなる。これはおそらく障害の有無には関係のない現象だろう。そして、損得判断は道徳判断に比べ指導者と指導対象者との間に利害一致を得られやすい。

そうするとあの人たちは動きやすくなる。そうした状況を作る言葉でのやり取り（言語的媒介）、これは立派な支援の手続きだと思う。

そこで、最後の質問「反省できるのか」に答えたい。彼らあるいは彼女らに、道徳的な意味での反省を、それも感覚的（大変なことをしたと思わないのか、など）に求めることは困難かもしれない。しかし、利害判断（損得感覚）に置き換えると少しわかりやすくなる。あの人たちは、われわれの感覚からすると、反省というより納得に近いわかり方をする。

その上で嫌悪感の問題、相手の思いや感情、こうしたことを感覚的にではなく、理性的に教えることはできる。ちょうど国による風俗習慣の違いを知識として学習すれば、感覚的にわからなくとも、風俗習慣を越えてお互いが理解し合えるように。

＊本章については、全体の体裁を改め、加筆訂正したものが、「発達障害と心理鑑定」（橋本和明編『心理鑑定の技術』金剛出版、二〇一五年）として掲載予定である。

第十章 ファンタジーマネジメント

この章では、わたしと教師、あるいは支援対象者との「やり取り（対話）」を列挙する。支援課題はいろいろ、対象者の年齢もさまざまである。また、話し言葉による対話もあれば、非言語的な対話もある。

そのいずれも、周囲を困らせてしまう対象者の言葉、あるいは行動、あるいは想念、それらへの対話を用いた介入法から構成されている。

わたしは、こうした働き掛け全体を「ファンタジーマネジメント」と呼んできた。それは「はじめに」の中で既に述べている。

本章は、いわばその実践編であるが、一つの考え方として捉えていただき、使えるところを使っていただければ十分だと思っている。

基本的発想

場面設定は小学校でも中学校でも高等学校でもかまわない。ある学校で、教師が、授業中の生徒による、同時多発的な不適切行動に悩まされている。男子Aはおしゃべりが多い、男子Bは漫画の本を読み始める、女子Cは窓の外を見てぼんやりしている、男子Dはボールペンの分解組み立て作業を始める。さあどうしたものか。

複数の生徒にこうした行動が見られる場合、まず考慮すべきは授業改善だと思う。早い話が、魅力のある授業づくりになっているのかということである。とはいえ、授業改善にはそれなりの時間がかかる。

その間この状態を放置することはできまい。それではどうすべきか。

もっとも、一度に状況を変化させる方法はある。教師が大声で「先生の方を見なさい」と怒鳴りつけること。これによって、生徒は不適切行動を止め、教師の方を見る可能性が高まる。

しかし、これは指導というより威嚇である。威嚇の効果は長続きしない。したがって、再発するたびに教師は大声を出さねばならない。また、そのたびに教師と生徒との信頼関係は崩壊していく。さらに、怖い教師の言うことは聞くが、優しい教師の言うことは聞かないという、最悪の状況が形成されかねない。こちらの方がよほど深刻だろう。

それでは、授業改善なくして、授業中に起こる同時多発的な不適切行動を制御することはできないのだろうか。いやそうでもないと思う。

一度に全員はむずかしいとしても、特定の生徒に対して、大声や叱責に頼らず指導する方法はある。そこでまず生徒のどの行動を標的にするのかを選定してみよう。

標的行動の選定基準はいろいろある。周囲に与える迷惑度から選択してもよいし、教師への迷惑度から選択してもよい。まあ一般的には前者だろう。例えばここでのA、B、C、D、四名の行動から、周囲への迷惑度で選ぶとすれば、おそらくAのおしゃべりだろう。

ここまで絞り込めば、正攻法のやり方は、おしゃべりに先立つ条件（先行子）と、おしゃべりの後に随伴する条件（強化子）の関係から、このおしゃべりが果たしている役割を分析し、計画的に指導を進めていく方法が広く用いられている。

まあしかし、実務家としては「取り急ぎ今をどうするのか」ということも大切な課題になる。そこで即時対応の方法を提示してみよう。

さて、標的はAのおしゃべりである。とはいえ、Aに「授業中だから静かにしていなさい」と口頭で指導する方法は避けた方がよい。なぜなら、指導者から「それはダメ」という否定的な言葉で指導されると、それは指導対象者の否定的な言葉も増やしやすい傾向がある。考えてもいただこう、Aには「先生から嫌なことを言われた」という不快感が湧き起こり、「うるさい！」という反発が表出しやすくなるのである。これは、指導場面での教師からAへの言葉かけが一方通行で、対話になっていないからだ。

それではどう対話したらよいのか。教師は普通どおりに授業を進めながら、おしゃべりをしているAの机に近付く。そして机の上にそっと手の平を置く。そうすると、不思議や不思議、Aは一瞬おしゃべりを止め、教師の方を見る可能性が高くなる。

その瞬間を見落とさず、教師はAを見てニッコリしながら、親指を立てるグッドサインをAへ返す。そうするとAは照れ笑いをする可能性がある。そのときにはグッドサインを、親指と人差し指で円を作るオッケイサインに切り替えてまたニッコリを返す。

さて、Aの机の上に手の平をそっと置く行為、これは何を意味しているのだろう。それはコミュニケーション（やり取り）の回復である。授業中の教師と生徒との間で自然な「やり取り」が持続している間は、問題行動などほとんど起こらない。ところが、この「やり取り」が途絶えると、おしゃべりは始まる、漫画の本は出てくる、窓の外を見てボンヤリし始める、ボールペンの分解組み立て作業も開始される。そこで教師が否定的な「やり取り」を返すと反発が高まる。

もちろん、授業中の教師は絶えず一人ひとりと個別のやり取りをしているわけではない。しかし、授業で教師がみんなに話し掛けている場面は、一人ひとりへ個別に話し掛けているのと同じことである。ところが、気が散りやすいとか、勉強への意欲が低い生徒の場合は、教師が目の前に立って、「Aくん」と名前を呼びながら話し掛けないと、糸の切れた凧状態になりやすい。そうすると、休み時間であれば問題のない行動が、授業中では不適切な行動になってしまう。

教師がクラスのみんなに話し掛ける。それは一人ひとりの前に立って個別に話し掛けているのと同じことだと理解できる。これは幼稚園の年長年代から少しずつわかり始め、小学校の二年生くらいで乗り越えるべき発達課題だと思う。

高校巡回で教師にこの話をすると、「そうかあ、小学校低学年の発達課題なのですね。あの生徒の謎が解けました。あの生徒はわざとやっているのではないのだ」と納得される方が多い。

Aの机の上にそっと手の平を置く行為はコミュニケーションの回復につながり、だからAの不適切行動は停止した。これは教師が自分のところへ来て、「静かにしなさい」と指導したのと同じ効果だが、口頭ではないので角は立ちにくい。しかもその後、ジェスチャーを用いた肯定的な対話が展開されている。おそらく、Aは基本的に多弁なのだと思う。多弁とは口の多動であり、そうそう簡単に変わるものではない。だからまたおしゃべりをするだろう。しかし、そのたびに口頭指導をするのは、教師にもAにもストレスになる。口は災いの元とはよく言ったものだ。ときには口頭指導もよいが、動作を交えた指導も組み入れた方がよいと思う。

大切なのは、言語であろうと非言語であろうと同じこと、肯定的な対話である。すべてはここから始まる。

虚言癖

小学校五年生の男子生徒Eには虚言癖がある。ともかく、明らかに虚言だと思われるようなことを平気で言う。例えば夏休みに家族旅行でアメリカへ行く。みんなにお土産を買ってきてやると言うので、クラス全体が盛り上がった。ところがその後この話は全く出なくなった。

夏休みが近付いたころ、クラスメイトの一人が「いつから行くの」と聞いたら、ケロリとして「あれはお父さんの仕事の都合で行けなくなった」と答えた。言い出せばきりのない話になるが、芸能人の○○ちゃんは親戚だとか、家に泥棒が入ったとか、どうしてそんな虚言が必要なのか理解に苦しむようなことを平気で言う。最近では周囲の子も引き気味である。さあどうしたらよいのか。

そこで、虚言対応だが、まず虚言には二つのタイプがあることを知っておきたい。一つ目は追及されたときの虚言。二つ目は自然発生的な虚言である。両者は発生のメカニズムが異なり、当然のことではあるが対処法も異なる。

このうち、追及されたときの虚言は、どうしてそんなことをしたのかと問い詰められたときのもので、例えばその人がやったに違いないと思われる非行を、「ぼくではない」と否認する。この追及されたときの虚言は、後に改めて取り上げるので、ここでは自然発生的な虚言への対処法について述べる。

さて、Eのような虚言を語る子どもが多いとは言わないが、一定不変の数で存在するのも事実である。

ともかくあの子たちは、われわれが一生の間に一度目撃するかしないかというレベルの事件・事故と頻回に遭遇する。ときには月に一度、下手をすると毎週のように。例えばこんな目撃談。

生徒　先生たいへんだった。ぼくの家の近くのコンビニは知っている？
教師　うん知っている。
生徒　そこで交通事故があって、救急車も来てたいへんだった。
教師　そうかあ、そりゃあたいへんだったね。どんな事故だった？
生徒　男の人が血まみれになって倒れていて、千切れた片方の足がコンビニの駐車場に転がっていた。
教師　ヒエー！

この段階で教師には「本当かなあ」という疑問符が三つくらいは点灯すると思う。しかし、決して「それは本当か」と問い詰めない方がよい。そんなことをすれば、Eは次のウソをつかなくてはならなくなる。いわゆる追及されての虚言である。

それでは、どうフィードバックすべきなのだろう。それを述べる前に、どうしてこんな虚言が出てくるのかを考えてみたい。

Eのような子どもは元々多弁であることが多い。先述の事例のように、多弁とは口の多動であって、おしゃべりな子どもはそれを我慢しているとソワソワしてくる。ソワソワを我慢しているとイライラしてくる。

また、それとは裏表の関係になるが、だいたいにおいて多弁な子どもは、沈黙に対処するスキルが弱い。ちょっと話が途切れると、何か言わずにはいられなくなる。これを肯定的に読み替えれば、要するにサービス精神が旺盛なのだ。だから何とかその場を沈黙から救いたくなって、サービスしてしまう。だれもそんなサービスは求めていないのに。

一方、話が途切れた沈黙場面でなくても、サービス精神はこんな悪戯をする。朝、顔を合わせたときに「おはよう」と挨拶した、しかしそれだけでは物足りない。そこで、もう少し相手に楽しんでもらおうとサービスしてしまう。そこであの取りとめのない虚言が出てくるのだが、これを相手へのサービスと見るか、自分へ注目を集めようとした行動と見るかは微妙なところだ。

おわかりだろうか。あの目的のはっきりしない虚言、それはあの子たちにとってはコミュニケーションの意味をなしている。しかし、相手への配慮が一方的なので、それは必要のないサービスになってしまう。これが自然発生的な虚言となる。そこでもう少し掘り下げてみたい。

自然発生的な子どものウソはだいたいにおいて三つくらいの話題から構成されている。まずは事件・事故の目撃情報、次に家族自慢、三つめが自己自慢だ。大人の場合には内容がもう少し複雑になるが、話題のジャンルはだいたい同じである。

事件・事故の目撃情報は、Eをとおして説明してきたが、この他にもいろいろあって、例えば芸能人の目撃情報からＵＦＯの目撃談に至るまで非常に幅が広い。

家族自慢もいろいろある。例えば、うちのお父さんは元Ｆ１レーサーだというもの、家族が宝くじに当たった話（五千円当たったという話なら多分本当だ）など、かなりな幅がある。

自己自慢もキリがなくなる。特異な才能は言うに及ばす、怪我や病気も自己自慢の対象となる。いずれも、「おい本当か？」と追及したくなるものばかりがズラリと並ぶ。

さて、いよいよ対話である。何度も書いたように、「本当か？」という追及は避けるべきだ。支援や指導を行う側が、対象者を新たな虚言を作らねばならない状況へと追い込んでしまう。お話にならないとは真にこのことだろう。

要はサービス精神なのである。虚言者にとって、沈黙の空間を満たし、そこにいる人を沈黙の気まずさから救う手段、あるいは相手に喜んでもらう手段、それが虚言の心になっている。そして大切なのはここ。虚言者が無関心な事象は決して虚言にはならない。虚言の内容は、その話題を持ち出せば、虚言者の目がキラキラしてしまう領域に他ならない。これで答えは見えた。虚言者の目はキラキラしても、相手の目は決してキラつかない。読んで字の如し、虚ろさを伴う、対話にならない対話、これが虚言ではないのか。

換言すれば、救急車が来た話、血まみれの男性、千切れた足、芸能人、ＵＦＯ、父親が元Ｆ１レーサー、宝くじ、自分の才能、怪我や病気など、瞳キラキラ状態は虚言者だけ、周囲は逆に一歩引いてしまう。これが虚言の字義通りの空しさなのだと思う。

ここまで見えてくれれば、虚言への対処は説明を要しまい。追及することではない。虚言者の目がキラキラする話題と対話すべきなのである。「そうかあ、救急車に興味があるのか。もしかしたら、将来そんな仕事に就きたいと思っているの？」「へえ、あのアイドルのファンだったのか。どんなところが好きなの？」「うん。ＵＦＯか。あれにはぼくも一家言があるのだが、もう少し話さないかい」「Ｆ１か、ぼくはあまり知らないので教えてくれよ」「宝くじ、きみの年齢で宝くじを知っているとは思わなかった。どこで知ったの？」などなど、虚言は対話の糸口に満ちている。

ぜひ追及という面白くも可笑しくもない対応ではなく、虚言者の興味・関心として豊かな対話を狙ってほしい。そして自分と他人の違いへの気付き、メタ認知の育成へと支援や指導のすそ野を広げてほしい。第六章の事例の中で述べたことと少し似ている。とかく面白味のない虚言対応に少しずつ豊かさを与えるのも対話だと思う。虚言者への支援は、わたしたちにとって思いの外重要な領域なのである。

どうしてほしいの？

ある日、中学校の教師から相談を受けた。

中学一年生の女子生徒Ｆには自作自演を疑わせる言動がある。

ときどき、だれかに上履きを隠されたと訴え、クラス総出で探していると、トイレの中に隠してあったと本人が見付けて持ってくる。また、一年くらい前から、ときどき机の中に自分を誹謗中傷するメモが入っていると訴えるようになり、メモの現物を持ってくるようになった。

たしかに、ノートの切れ端のような紙片に、「死ね」とか「不用」とか書かれているのだが、筆跡がとても不自然で、あたかも右利きの人が左手で書いたようなぎこちなさがある。鉛筆の筆圧、文字の筆致など、同一の人物が書いたようにも見えてくる。

どうもＦが自分でやっている可能性が高い。しかし、確たる証拠はない。どうしたものだろうという相談であった。実はこの種の相談も、多いとは言わないが、一定不変の数で存在する。

まず、やってはいけないことがある。Fを「あなたがやっているのではないのか」と問い詰めるようなやり方である。確たる証拠でもあれば別だが、基本的に生徒を疑いながらの教育などできるはずはない。それに、このやり方は、たとえ本当にFの自作自演であったとしても、教師との信頼関係を怪しくさせるので、とても問題解決に結びつくとは思えない。

まず、中学校の先生方と話し合った。

みなさんの意見として、他にそんなことをするような生徒は思いつかないとのことだった。

そこで、Fの自作自演だったとして、彼女はどうしてそんなことをするのだろうと教師に質問してみた。みなさんがおっしゃるには、何かを教師に訴えているのではないかというのである。わたしも、なるほどそうかもしれないと思った。

仮にこれがFの自作自演劇であったなら、それは相当に意地悪なやり方である。一人の先生が、たしかにFには意地悪なところがあるとおっしゃった。以前仲良くしていたGとHという女子生徒がいたのだが、GにはHがあなたの悪口を言っていると伝え、HにはGがあなたの悪口を言っていると伝えて、二人を仲たがいさせたことがあるらしい。これには多くの先生が相槌を打たれたので、Fの意地悪は校内では有名なのだと思った。そこでわたしは、たとえFがやっていようが、やっていまいが適用可能な「やり取り」の仕方をお伝えした。

仮にFの自作自演だとすれば、それは先生方がおっしゃるように「何かを訴え掛けている」ということなのかもしれない。もしそうだとしたら、Fから再度同じような訴えがあったときには、「どうしてほしいの?」と問い掛けてみるのも一法だと思う。

その結果、Fが「みんなで探してほしい」と言えばそうしたらよい。ただ、実際には「何もしてもらわなくてもいい」と答える可能性もある。

その理由は、自らの思いを言語化できるほど、彼女は社会的に成熟していないと思われるからである。したがって、「どうしてほしいの?」と問われても、「みんなで探してほしい」というのが精いっぱいではないのか。それにFの感情はおそらく歪んでいる。だから意地悪な自己主張というより、意地悪なストレス発散をしているのかもしれない。

仮にFが、「どうしてほしいの?」に対して「なにもしてもらわなくてもいい」と答えたら、「わかりました。また何か困ったことがあったら、いつでも相談に来てください」と伝えるのがベストだと思う。これがわたしの意見である。

実はここで取り上げたのは、わたしがワークショップに用いる架空事例なのだが、ときどきワークショップの参加者から、わたしが思いつきもしない素晴らしいアイデアを頂戴できるときがある。その最高のものを紹介しておこう。

誹謗中傷メモへの対応について、ある会場で演習に参加された先生は、「そんなことをするやつには、わたしが呪いをかけてあげる」とFに伝えるとおっしゃったのだ。この一言は素晴らしいと思う。もしF以外の第三者がやっていれば、この呪いはその第三者にかかることになる。Fの自作自演であれば呪いは当然Fにかかるのだ。

こうした素晴らしい先生に出会えるから、わたしは研修の中でのワークショップをやめられないのである。

ぼくはやっていない

中学二年生の教室で男子生徒Ｉの大切なものが無くなった。それが同じクラスの男子生徒Ｊの鞄の中から出てきた。このクラスではこうしたことがよく起こる。そのたびにＪの関与がささやかれる。教師がＪに「きみが勝手に持ってきたのか」と聞くとＪは「ぼくではない」と答える。しかしＪには盗癖のうわさが絶えない。

こうしたときの学校の対応は非常にむずかしくなる。Ｊがクラスメイトの持ち物を勝手に持ち去ったという確たる証拠があれば別だが、状況証拠と伝聞のみでＪを疑うわけにはいかない。ときどき証拠固めに執念を燃やす教師がいて、涙ぐましい努力の末、動かぬ証拠を生徒に突き付け、生徒が泣いて一見落着することもあるが、わたしはこのやり方に素直な賛成ができない。

なぜなら、証拠固めに必要な教師の負担があまりにも大きすぎることと、そういう形で一件落着させても、一度傷付いた教師と生徒の信頼関係の修復は、なかなかの難事業になるからである。それに加え、この事態には、いろいろな可能性があって、ともかく一筋縄ではうまくいかない。

例えば型通りに事態を鳥瞰すれば、これは被害者Ｉ対加害者Ｊの図式なのだが、もしこれが、Ｊを陥れるためにＩが仕組んだ大芝居だとしたら、両者の立場は一挙に逆転、加害者Ｉ対被害者Ｊの図式も描けてしまう。しかも、これは何らかの形で決着を付けねばならない場面でもある。と追い詰められたところで、わたしならこうするという対応手順を示してみたい。

まず、ＩとＪの二人を別室へ呼んで、両者とも納得できる事項をもって状況を整理してみる。そうすると、まずＩの大切な物が無くなったという事実に関して双方に争いはない。次にＩの大切な物がＪの鞄の中から出てきたという事実に関しても双方に争いはない。Ｉの大切な物は「物」だから、自分の意思で勝手にＪの鞄に飛び込むはずはない。この点についても両者に争いはない。換言すれば、Ｉの大切な物は「物」だから、だれかがそれを勝手に持ってきて、Ｊの鞄に入れない限り、こうした事態は起こるはずがない。この点についても双方に争いはない。しかしＪは、それは自分のやったことではないと主張している。

ということは、だれかはわからないが、第三者がＩの大切なものを勝手にＩのもとから持ち去り、Ｊの鞄の中に入れたことになる。この点に関しても双方に争いはない。

これは、もしかすると教室内で泥棒行為が行われたのかもしれない。この点に関しても双方に争いはない。状況をここまで整理した上で、両者にこう告知して一旦落着させる。

「わかりました。これはもしかすると、学校の中で泥棒行為が行われたのかもしれません。これは学校としても放置できないことです。ことがことだけに、ここから先は警察の協力を得ることも含めて、学校としてどうすべきか判断したいと思います。あなたたちに聞きたかったことは以上です。お疲れ様でした」と。

さあ、ここまでやった上で一週間くらい様子を見てみよう。そうするとかなりな確率で、通常であればＪが（ときにはＩが）あなたのところへやってくる可能性が高まる。ここからは想定問答であるが、教師は以下のやり取りを意図的に進める。

教師　やあＪくん（ときはＩくん）、何の用ですか

生徒　この前の件だけど、どうなった？

教師　この前の件って何のことだっけ。

生徒　あの話、あの話。

教師　ああバレーボール大会の話かい。

生徒　違う、違う、あの話だよ。

教師　あの話って何のことですか？

＊ここまで教師は的外しをしている。そうすると生徒は自分から語り始める。

生徒　あの～。Ｉくんの大切なものが無くなりぼくの鞄から出てきた話。

教師　ああ、あの話ですか。それがどうかしましたか？

＊ここでも教師は的を外している。

生徒　あの件、警察に届けたの？

教師　あの件は学校として判断することなので、別にＪくんに心配してもらわなくてもいいのだけど。

Ｊくんはどうしてそんなことが心配なのですか？

このやり取りをご覧になってどう思われただろう。これは生徒に対して相当意地悪なやり方だと思う

し、非行を否認しているJに不安を与えているところもある。このやり方を教育場面で用いることに疑義や抵抗を感じる教師もおられると思う。

しかし、非行の否認へのアプローチはある意味究極のアプローチでもある。しかも、その状況に対して学校は何らかの決着を付けなくてはならない。そうした場面で用いる方法として、このやり方の解説をしてみたい。

まず、このやり方は他人の物を窃取した疑いがかなり濃厚な生徒に適用しているが、生徒に対して「きみがやったのではないか」という言葉は一言も掛けていない。したがって、この部分で教師と生徒との信頼関係への配慮は保たれている。

次に不安の問題である。確かにこのやり方は、生徒の不安を煽っているような側面がなくはない。しかし後述するように、不安は犯罪行動を高度に抑制するという事実を忘れるべきではない。

そもそも、この生徒はどうして教師のもとを訪れたのだろう。学校が警察通報を選択するかもしれないという不安があったからである。ところが教師は警察へ通報するともしないとも答えていない。ここでどちらかの結論が出ていれば、生徒の不安は軽減する可能性がある。しかし、その部分での答えは得られず、不安は解消されなかった。これがなぜ指導になるのか、そのことの意味をぜひともおわかりいただきたい。

不安は高度に犯罪行動を抑制する。

自分の胸に手を当てて考えていただきたい。先生方はどうして道路交通法をお守りになるのか。「教師は法律を遵守すべきだからだ」。それはそのとおりだが、ここでは標語的な説明ではなく、もう少し本音であなたと対話してみたい。

それは、道路交通法を守らないと、パトカーに追いかけられるとか、駐車違反を摘発されるとか、不安があるからではないだろうか。なぜ不安になるのか。反則切符を切られ、反則金を取られるからか。あるいは、昨今職場への届け出義務が厳しくなり、比較的軽微な道路交通法違反にも適用されるようになったからか。よく見てほしい、これはいずれも損得感覚に絡む不安ではないのか。

先程の、公務員は法令を遵守し、ではないが、本当は道徳感覚で動くべきものかもしれない。しかし、もう一度道路交通法に戻って、本音で言わせていただけば、われわれは道路交通法の場面だと、道徳感覚というより損得感覚で動いている。わたしはそれでいいと思っている。というのは、たまに道路交通法の場面で、道徳感覚の運転をされているとしか思えないドライバーと遭遇することがある。申し訳ないが、そういう方の後続車両にはなりたくない。

時速三〇キロ制限の道は三〇キロ、四〇キロの道は四〇キロ、速度制限がなくなり六〇キロまで大丈夫になると二〇パーセントオフで走行される。あれに後続すると本当にイライラしてしまう。ただし、その場面で悪いのはイライラする方だ。法律を遵守しておられる方が絶対に正しいのである。しかし、道徳感覚というものは、ときに堅苦しいものなのだ。

だからわれわれは、損得感覚と道徳感覚を、上手に使い分けながら社会生活を送っている。社会適応とはそういうものだと思う。

さて、話を中学校の教室に戻す。窃盗行為については、われわれも道徳感覚で動いている。しかし、盗癖があるなどと言われてしまう人は、おそらくここのところがうまくいっていない（第九章参照）。

それはともかくとして、道徳感覚でも損得感覚でも、逸脱行動に対して大きな抑止力を持つものは不安である。はっきり申し上げておく。不安とは感覚の問題である。道徳感覚でも、損得感覚でも、それを獲得できて初めて、その感覚に抵触しそうになったとき、不安が発動して当該行動にブレーキをかける。

ところが、盗癖が問題になるような人は、おそらく道徳感覚が怪しい。だから、盗癖を疑わせる行為のある人に、当該行為への軽い不安を随伴させる。第九章でも述べたとおり、損得感覚は道徳感覚よりわかりやすい。わかりやすい感覚は指導者との間で利害一致を作りやすい。

ただ残念なことに、損得感覚は打算的な手法に見られやすい。ときには小しゃくな方法に見えたり、意地悪く見えたりもする。しかし、しつこいほど述べたとおり、不安は間違いなく、あなたも、わたしも持っている犯罪抑止のエネルギーである。ここで述べたアプローチは、犯罪予防に用いる限りにおいて、決して教育原理に反していないと思うがいかがであろう。

むずかしい言葉がお好きなら、これは認知的不協和を活用したアプローチになっていると思う。

＊認知的不協和：自分が獲得した特定の認知に矛盾する刺激が与えられると、その刺激には不快感を覚え、当該刺激を受け入れることに対して抑制的になるという社会学的な認知理論。

妄言

高校三年の生徒が、進路指導の教師にとんでもないことを言う。「オレは生活保護を受けるから放っておいてくれ！」。どう指導したものだろう。みなさんならどう対応されるのだろうか。

高校の教師が困っておられるとおり、この生徒の言葉はおかしい。就活をした経験も、実際に就労した経験もない、しかも未成年の青年が、生活保護を持ち出して教師からの指導を拒絶する。これは明らかに間違っている。しかし、「生活保護の意味はわかっているのか」とか、「何をバカなことを言っているのだ」という一般的な指導が機能しないから教師は困っておられるのだ。

こういう明らかに間違った言葉は暴言と言えなくもないが、暴言のような感情丸出し言葉とは少しニュアンスが異なる。要するに、暴言のように「死ね」「殺すぞ」のような脅迫とは違い、要するに屁理屈を含んだ「でたらめ」な言葉である。したがって、こういうことを言う生徒は、暴言を吐く生徒のように、必ずしも感情的になっているわけではない。ときには淡々として明らかに間違ったことを言う。教師がそれへの対応を誤ると、生徒の方が興奮してきて、今度は「死ね」「殺すぞ」の暴言となる。

こういう間違った「でたらめな言葉」は、いわゆる妄言である。そして、思春期以降の子どもや青年を相手にされるときは、妄言対応の仕方を身に付けておかれることをお勧めする。

妄言対応では、本当のことをズバリと伝えるのがポイントであるが、かといって「その言い方は間違っている」と真正面から伝えても、多分その場は収まらないだろう。まずは本書で何度も取り上げてきた

「的外し」を用い、子どもを対話へ招き入れる工夫が必要だと思う。

そこで、そうしたときに使える言葉をいくつか示す。実際場面で急には出てこないと思うので、台詞として覚えていただいた方がよいかもしれない。言うべきことはズバズバ言うので、先生方はこの台詞を使った後で、少しスッキリされるかもしれない。

「そんな明らかに間違っていることを、みんなの前で（大きな声で）堂々と言えるのはある意味うらやましいな」

「そんな他人の感情を逆なでするようなことを悪げもなくよく言えるものだ。ぼくもやってみたいものだよ」

「間違っているにも程があるとは、まさにこのことだけど、きみもいよいよ思春期（青年期）だね。考えてみればぼくも若いころそうだったよ」

「大概のことには驚かないけど、うーんこれには驚いた。そこまで間違ったことをズバリと言えるなんて、おぬしなかなかできるな」

けっしてふざけているわけではない。

まともに言い聞かせようとしても聞く耳を持たない人が相手の場合でも、われわれは言うべきことは伝えなければならない。ただまともに伝えようとするとケンカになってしまう。支援や指導をする側が、話が伝わらないからと腹を立てていたら、それは〝ミイラ取りがミイラ〟である。そういうときの伝え方、ある意味究極のアサーションと言えるかもしれない。

ただ、こうした言い方にはかなりな皮肉が込められている。この言い回しに、研修会の演習で取り組んでいただくと、子どもの方が腹を立ないかと質問されることがある。しかし、微妙に褒めているので（そこが最大の皮肉だが）子どもは意外なほど感情的にはならない。

とはいえ、ときどき皮肉に気付いて、「それは皮肉か」と噛みついてくる人もいる。そういうときには、「そうか、それが伝わったか。なかなかわかってくれない生徒が多いのだが、きみがわかってくれてとても嬉しいよ」。さらに続けて、「こんな話は他の子にはまずしないけれど、きみならわかってくれるから」と少し持ち上げてから対話へ招き入れる。「きみもよくわかっているように、なかなか人の話に耳を傾けない子がいる。きみもそういう人のことで嫌な思いをすることがあるだろう。どう付き合ったらよいのか、ぼくはいまひとつわからないので、一緒に考えてくれないか」。

何のことはない、他人のことを例示しながら実は目の前の対象者のことを話題にしている。しかし、第二章の他者批判で述べたように、本書の主役たちは他人モードへ招き入れると饒舌になりやすい。そこで十分他人事として語ってもらった上で、「そういうことが人を傷付けるということがわかっているきみは素晴らしい」と、一挙に視点を大転換して自己理解へ近付ける。

しかし、現実はそれほど甘くないこともある。支援対象者は「そんなむずかしいことはわからない」と抵抗を示す場合もある。そうしたときには「またまたご謙遜を」と応じてもよい。「そんなことは先生の仕事だ。オレは関係ない」ときたら、「おっ、そうきたか。実はそうくると思っていたよ。やっぱりきみは思っていたより大人だね」と返すこともできる。セッションを終わるときは、「きみの考えているることが、ぼくの考えと一脈通じているような気がして今日は嬉しかった。また時間を作ってくれたまえ」を忘れないように。

これを口八丁手八丁と誤解されては困る。対話は優れた頭脳労働である。

怒鳴り方

本章で喉に刺さった魚の骨のように気になっていたことがある。冒頭の基本的発想の中で、大声での叱責を批判的に書いたところだ。現場での実務は厳しいもので、ときには大声で叱らねばならないこともある。大声で叱責する先生は、「必要悪という言葉もある」と自分に言い聞かせ、心を鬼にして怒鳴っておられる、のだと思う。しかし、それはとても辛いことだ。大声で叱ったことで自分を責めてしまう教師を出さないよう、大声での叱り方を提示してみたい。

例えば授業中のおしゃべりが止まらない。

そこで、「やかましい！」と一喝する。

その場は水を打ったように静かになる。

素晴らしい叱責効果だ。

しかし、既述のように、「やかましい！」と怒鳴るだけならそれは指導ではなく、単なる威嚇になってしまう。なぜなら、あまりに一方通行の力押しで、とても指導としての及第点が取れないからだ。

そこで考えてみた。これほど効果的でありながら、指導ではないといわれてしまう怒鳴りつけを、何とか指導の域にまで高められないものかと。これはもう二〇年くらい前のことだった。

その結果、実は見つけてしまったのである。怒鳴りつけられた生徒がニッコリする、指導法としての怒鳴り方を。当時の研究仲間が、「おい小栗これは学会ものだ。書け」と言ってくれたが書かなかった。怒鳴りつけ方の手順があまりにもバカらしかったからである。そしてこの方法はわたし自身が忘れ去っていた。

ところが、比較的最近になって、ある県の総合教育センターから生徒指導研修のワークショップを頼まれたとき、ふと思い出して参加された先生方に披露したところ、驚くほどの賛意を得た。

それ以来この怒鳴りつけ方は、わたしの講演や研修の中では重要なパフォーマンスの一つになっている。それをここでご披露する。紙面だからどこまで伝わるかに若干不安はあるが……。

さて、教室内でのおしゃべりが何度指導しても止まらないときは、生徒を怒鳴りつけてもよいと思う。ただし次の手順で。

まず大声で「やかましい」と怒鳴る。一秒か二秒間を空けて、普通の音声に戻し、「と言うと思った?」と生徒に問いかける。いま書いていても、やり方はあまりにバカらしいと思う。しかし指導の要件は満たしているので、まず生徒への禍根は残さない。再録する。

（大声で）「やかましい！」

（声のトーンを普通に戻して）「と言うと思った?」

生徒指導研修ではけっこう好評である。ただし、このやり方は安易に使ってはいけない。これは究極のアサーションであり、せいぜい月一回程度の特別企画と思っていただく。支援や指導は生野菜、新鮮さを失った言語刺激は急速に効力を失う。へたに使えば、場が白けるだけなのだから。

怒鳴り方と銘打ったが、実はわたしは矯正施設に勤務していて、あの言うことを聞かない非行少年を相手にして、ただの一度も怒鳴ったことはない。医療少年院にいたとき、若い職員に「院長は得ですね」と言われたことがあった。修羅場に立たなくてもいいという意味だが、「いまごろわかったの」と答えた。とは言いながら、そういう職員が、「困ったときの的の外し方を教えてほしい」と、院長室へ何度も顔を出してくれるのがとても嬉しかった。

資　料

本書で使用した障害名は、米国精神医学会が定期的に改訂している「精神疾患の分類と診断の手引き第5版（Diagnostic and Statistical Manual of Mental Disorders5th Ed：DSM-5. American Psychiatric Association,2013）」に基づいており、宮本信也氏の下記論文から表1、表2及び表3を引用させていただいた。詳細は原著を参照願いたい。

宮本信也「ＤＳＭ-5における発達障害」『ＬＤ研究』第二四巻、第一号，（通巻六〇号）、五二〜六〇頁、一般社団法人日本ＬＤ学会、二〇一五年二月二五日発行。

表1　ＤＳＭ-5における発達障害に関する主要な変更点

1　「発達障害」に関する大カテゴリーの新設
神経発達障害群という大きなカテゴリーの新設

2　知的障害について
(1)　名称の変更

精神遅滞を知的能力障害／知的発達障害と変更

(2) 診断基準の変更

診断基準から知能指数を削除

3 自閉症スペクトラム障害について

(1) 名称の変更

広汎性発達障害を自閉症スペクトラム障害と変更

(2) 下位分類の廃止

自閉症、アスペルガー症候群などの下位分類を全て廃止

(3) 診断基準の変更

(a) 基準となる症状項目を三項目から二項目に変更

(b) 二項目全てを満たすことを診断のための必須条件と規定

4 注意欠如・多動性障害について

(1) 分類位置の変更

これまで破壊的行動障害に位置づけられていたのが神経発達障害群に位置づけを変更

(2) 診断基準の変更

(a) 症状出現年齢の上限を七歳から一二歳に引き上げ

(b) 除外診断から広汎性発達障害を削除

(3) 下位タイプの考え方の変更

三つの下位タイプに分けていたものを三つの状態像として示すことに変更

5　コミュニケーション障害について

(1)　下位分類の統合

表出性言語障害と受容表出混合性言語障害を言語障害という一つの診断名に統合

(2)　下位分類の新設

社会的コミュニケーション障害の新設

(3)　名称の変更

音韻障害を語音障害と変更

吃音を小児期発症流暢障害あるいは吃音と変更

6　学習障害について

(1)　下位分類の統合

読字障害・書字表出障害・算数障害を限局性学習障害という一つの診断名に統合

7　発達性協調運動障害について

(1)　除外診断の変更

除外診断から広汎性発達障害を削除

8　発達障害ごとの重症度を新設

知的発達障害、自閉症スペクトラム障害、ＡＤＨＤ、限局性学習障害の個々に重症度を新設

表２　神経発達障害群の下位カテゴリー

1	知的能力障害／知的発達障害（Intellectual Disability/ Intellectual Developmental Disorder）
2	コミュニケーション障害群（Communication Disorders）
3	自閉症スペクトラム障害（Autism Specturum Disorder）
4	注意欠如・多動性障害（Attention-Deficit / Hyperactivity Disorder）
5	限局性学習障害（Specific Learning Disorder）
6	運動障害群（Motor Disorders）
7	チック障害群（Tic Disorders）
8	他の神経発達障害群（Other Neurodevelopmental Disorders）

原著注（ＤＳＭ-5から作成、訳語は日本精神神経学会ガイドラインによる）

表３　ＤＳＭにおける「発達障害」概念の変換

1　神経発達障害群（ＤＳＭ-５）

（1）発達期に問題が顕在化する状態をまとめたもの。

（2）基本的な問題は、日常生活、対人交流、学習、仕事の上で、その年齢で期待される程度や内容の事柄が期待されるほどにはできないという発達上の問題である。

（3）発達上の問題は、学習や実行機能の問題などのような限定した問題から、社会性や知的能力などのような全般的な問題までさまざまである。

2　ＤＳＭ-ⅢＲにおける発達障害に関する説明

（1）認知、言語、運動、社会的技能(social skills)の獲得の障害

（2）全般的な遅れ、特定技能の獲得や習熟の遅れ、発達の質的な歪み(distortion)として現れる。

（3）慢性的な経過をたどる。

（4）いくつかの兆候は、寛解や憎悪の時期がない固定化した状態で成人まで持続しやすい。

（5）軽症例では、適応や完全な回復を認めることも多い。

原著注（ＤＳＭ-ⅢＲ、ＤＳＭ-５を参照して作成）

おわりに

　ソクラテスは一言も書き残さなかった。対話こそが本質に迫る正しい道であり、書かれたものは魂を失うと考えていたからだ。とはいうものの、弟子のプラトンが書き残した対話編、そこでソクラテスは活き活きと語っている。それは、おそらくプラトンに詩心が溢れていたからだ。だから、書かれたものであっても、ソクラテスの言葉は魂を失わなかったのだと思う。

　さて、本書のキーワードを一つ挙げろと言われたら、迷うことなく「対話」だと思う。書店へ足を運べば、対話について書かれた本は多数ある。どれも素晴らしいと思う。しかし、対話に興味を持たれたら、まず耳を傾けるべきはソクラテスの言葉だろう。

　例えば、岩波文庫から出ているプラトン著の、饗宴、パイドン、ゴルギアス、メノン、パイドロス……どれを取ってもよい。これは遠い昔、ギリシャ時代に交わされた対話ではない。これは、いま、そのまま、学校で、あるいは施設で、教師が、あるいは施設職員が、子どもたち、あるいは青年たちと交わすべき対話の道標だと思う。

　どの本でもよい。最初の一ページを開いてもらおう。だれもソクラテス先生とは呼んでいない。対話の相手は「ソクラテス、前から聞いてみたいと思っていたのだが……」と語りかけ、ソクラテスも「〇〇、それはぼくにもよくわからないのだが、きみの言いたいことはこういうことかい……」と応じている。死を目前にした弁明においてすら、「ソクラテス君」と「メレトス君」なのだ。ちなみにメレトスはソクラテス裁判の告発者の一人である。これが対話の本質だと思う。

わたしは、本書の中で対話について体系的には一切語っていない。その一番の理由は、体系的に論じる技量がないからだ。とはいえ、わたしの仕事は子どもや青年たちとの対話であることには間違いない。とんでもないことを考え、口にするような人といっぱい会ってきた。その中で、相手が対話中に逆上して身の危険を感じたことは一度もない。その日の仕事を終えるときには、お互いが「それもありか」と納得できる地点を探すようにしてきた。そして必ず現実回帰の一言を。

わたし「おい、明日は金曜日だったっけ」

あいて「そうだよ」

わたし「よかった花金だぜ」といった具合に。

ともかく、実務家としてのわたしのやり方はいっぱい示したので、使えるところを使っていただければ十分である。

もちろんわたしも困ることがいっぱいあり過ぎて困っている。ときどきプラトン先生の本を紐解き、ソクラテス先生に聞いてみる。

「ソクラテス、教えてほしいことがあるのだが」

「小栗、今日はまだ初夏なのにやけに暑いね。もう少し歩くと草原があって、大きな木が日陰を作っている。そこなら涼しい風も吹いていると思うよ。草の上で横になって話そう。ところで小栗の質問は教えられるものかな?」

先生はきっとそう応じてくれるに違いない。

[著者紹介]

小栗正幸（おぐり・まさゆき）

岐阜県多治見市出身。法務省に所属する心理学の専門家（法務技官）として各地の矯正施設に勤務。宮川医療少年院長を経て退官。現在、特別支援教育ネット代表、三重県教育委員会事務局特別支援教育課発達障がい支援員スーパーバイザー、三重県四日市市教育委員会教育支援課スーパーバイザーを務める。宇部フロンティア大学臨床教授。一般社団法人日本ＬＤ学会代議員・編集委員。日本犯罪心理学会地方区理事。専門領域は犯罪心理学、思春期から青年期の逸脱行動への対応。主著に『発達障害児の思春期と二次障害予防のシナリオ』『青年期の発達課題と支援のシナリオ』など。

ファンタジーマネジメント

“生きづらさ”を和らげる対話術

平成27年８月１日　第１刷発行

令和４年８月10日　第８刷発行

著者　**小栗正幸**

発行　株式会社ぎょうせい

〒136-8575　東京都江東区新木場１-18-11

電話番号　編集　03-6892-6508

営業　03-6892-6666

フリーコール　0120-953-431

URL　https://gyosei.jp

〈検印省略〉

印刷　ぎょうせいデジタル㈱

乱丁・落丁本は、送料小社負担にてお取り替えいたします。

ISBN978-4-324-09998-8（5108164-00-000）　［略号：ファンタジーマネジメント］

JASRAC　出1507268－208